矢野耕平

令和の中学受験２
志望校選びの参考書

講談社＋α新書

はじめに　中学受験は子どもたちの人生の岐路

みなさん、こんにちは。本書を手に取ってくださったことを感謝申し上げます。

わたしは都内で中学受験専門塾を経営している矢野耕平と申します。わたしが中学受験指導に従事してから今年で二八年が経ちました。なお、わたしの指導担当科目は国語と社会です。

二〇二一年の二月に『令和の中学受験　保護者のための参考書』(講談社＋α新書)を上梓しました。この本は中学受験の最新データ、ならびにわたしのこれまでの経験を基にして、中学受験の世界をさまざまな側面から論じ、わが子の中学受験に臨む保護者の心構えを説くという内容になっています。

そして、みなさんがいまお手に取っている本書は、その『令和の中学受験　保護者のための参考書』の第二弾となるものです。

本書のタイトルは『令和の中学受験2　志望校選びの参考書』。

中学受験生を持つ保護者のみなさんに、わたしから中高一貫校の魅力やその特色、そして、志望校選定のポイントなどをお伝えしたいと考えました。そのためにはわたしの一方的な見解を述べるだけでは不十分だろうと考え、多くの中高一貫校の先生方に取材を重ねて、それらを随所に反映させています。

本書の目指すべき到達点はどこでしょうか。結論から申し上げます。みなさんのお子さんが通うことになる学校の良さ、その魅力を見出すきっかけを作るところにあります。

つまり、わが子が六年間過ごす学校を、保護者が好きになるための「参考書」です。

それでは、本書の構成を説明していきましょう。

第一章　変わる中学受験

中学受験というものは時代の変化の影響を色濃く受けます。景気低迷が続けば受験生は減りますし、少子化も無視できません。また、大学の入試制度が変われば、中学受験にも必ずその余波がやってくるのです。加えて、忘れてはいけないのが新型コロナウイルスの影響です。ここでは中学受験の「二〇二五年問題」にも触れながら、最新の中学受験事情を概観します。

第二章　令和の中高一貫校

受験そのものが変化するのと同等かそれ以上に、学校の姿も大きく変わっています。保護者世代が中高生だった頃といまの学校は別物と考えたほうが良いでしょう。その変化は各校の難度といった「受験地図」だけに留まりません。令和ならではの新しいスタイルの教育をおこなう中高一貫校が登場しています。それらを紹介し、保護者の中高一貫校に対する見方をアップデートしてもらいたいと考えました。

第三章　男女別学、共学という選択

全国の中高を見ると「共学校」が大半を占めますが、首都圏の中高一貫校に目を向けると男子校、女子校がいまだに数多く存在します。男女別学だからこそできる取り組みやその魅力は何か、また、共学校の良さやその特色はどういうものがあるのかをさまざまな切り口で探っていきます。

第四章　進学校、大学付属校、そして寮制という選択

中高一貫校は大学受験を前提にした「進学校」と、系列大学への内部推薦を前提にした「大学付属校」に分かれます。また、系列の大学を有しているものの、卒業生の多くは他大

学を受験して進学するという「半付属校」もあります。この三つの種別ごとにその教育の特徴などについて説明していきます。

さらに、日本には「寮制度」を導入している中高一貫校がたくさん存在し、この種の地方の中高一貫校が東京会場で中学入試を実施しています。こういう学校に入学すると、在校生たちは親元を離れて中高六年間の生活を送ることになります。「かわいい子には旅をさせよ」などといいますが、「寮制」の教育的意義についても、この章で詳しく見ていきましょう。

第五章　志望校選びで親が悩むこと

「ギリギリで第一志望校に合格しても、学校の授業についていけるのだろうか?」「わが子が発達障害だと診断されたが、果たして上手く中高一貫校でやっていくことができるだろうか?」「模擬試験の成績結果に基づいた志望校選定は、どのような数値的目安で考えればよいのか?」——わが子の志望校選びに際して、保護者はさまざまな不安や悩みを抱くものです。中学受験生の保護者からよく寄せられる相談内容を中心に「Q&A形式」を用いて、できるだけ具体的に回答しました。

また、これら以外にわたしが「ＡＥＲＡ dot.」（朝日新聞出版）で連載していた「中学受験のプロが魅力に迫る　私学探宝」の記事に一部加筆・修正したものを、各章の最後に「学校訪問」と題してコラム形式で掲載しています。

これはわたしが中高一貫校に直接来訪、取材をおこなったもので、各校が独自に持つ「宝物」を探し出し、それらを紹介することで、その学校自体の全体像が浮かび上がるようにしたいと考えて執筆したものです。併せてお読みいただければ、お子さんの志望校選びのヒントがさらに得やすくなるのではないでしょうか。

それでは、『令和の中学受験２　志望校選びの参考書』を始めましょう。

令和の中学受験2　志望校選びの参考書◎目次

第四章　進学校、大学付属校、そして寮制という選択

第五章　志望校選びで親が悩むこと

第一章　変わる中学受験

【この章のポイント】
●私立中高一貫校はわが子の「ふるさと」になる
●現在の小学４年生が直面する中学受験の「2025年問題」
●学校を選ぶ時代から、学校に選ばれる時代に

中高一貫校の存在意義

「中高一貫校」と、中学受験生たちが通う「進学塾」はともに「教育機関」に見えるかもしれませんが、その内実、位置付けは大きく異なります。

わたしが経営しているような「中学受験塾」はその存在意義がはっきりしています。わが子が中学入試で志望する学校に合格してほしい——保護者はそう願ってわが子を塾に託すのです。学校ありきで進学塾は存在しているわけですから、そういう意味では塾に独立性はありません。

わたしには受験勉強という機会を活用して中学入学後も子どもたちに好影響を及ぼす学習基盤の構築を目指したいという思いがあります。けれども、それは中学受験勉強の「副産物」と形容すべきものであり、主目的ではありません。

来《きた》る中学入試でその子どもが入学を強く望んでいる学校に合格、進学できるよう指導をおこなうことが塾のメインの仕事です。

そう考えると、塾と子どもたちとは「中学入試が終わるその日」までの「期限付き」の付き合いになるのですね。

一方、「中高一貫校」は子どもたちに六年間の学校生活を用意しているわけですが、塾や予備校とは違い、在校生を大学受験で志望校に合格させることだけがメインになるのではありません。

在校生たちが授業や行事、部活動などを通じて、心身ともにたくましく成長し、そこで身に付けたものを原動力にして社会に羽ばたいてほしい。そんな思いを込めて自校の創立以来掲げている理念を軸にした教育を六年間かけて施していくのです。

中高一貫校の存在意義はそこにあるのですね。

学校教育とは「森に雨を降らせる」ことに似ていると、わたしは考えます。「在校生」という「土壌」はその「教育」という「雨水」を吸収して地下深くに溜め込みますが、それらがいつ、どこで、こんこんと湧き出てくるかは分かりません。

このように考えると、学校教育とは在学期間の六年間だけでなく、卒業後にも当人に何かしらの影響を与える「息の長い」営みなのです。

塾とは正反対で、このような意味で中高一貫校と在校生たち、卒業生たちは互いに「無期限」の付き合いとなることが多いのです。

浅野（神奈川県横浜市／男子校）で入試広報部長を務める徳山直《なお》先生は、「ふるさと」という表現を用いて、この点について話をしてくれました。

「私立中高一貫校だと、教員が長年にわたってその学校で指導している場合が多いので、卒業生にとっての『ふるさと』にもなりやすいですよね。これが公立の学校だと一〇年くらいで教員たちは完全に入れ替わってしまいますから」

多感な中高六年間、わが子がどういう学《まな》び舎《や》で過ごすのか、そして、卒業後のわが子の「ふるさと」となる学び舎はどこになるのか。中学受験におけるわが子の志望校選びがとても大切であることが分かるでしょう。

令和の中学受験概況

それでは、各論に入る前にいまの時代の中学受験はどのような様相を呈しているのかを概観していきましょう。

二〇二五年度に首都圏中学受験はピークを迎えるのではないか——中学受験業界ではいまこんなことが囁《ささや》かれています。二〇二二年時点で小学校四年生である子どもたちが中学入試に挑む年です。

複数の大手進学塾の関係者に話を聞くと、いまの小学校四年生は過去最高の塾生数であると口にします。実際、大手塾の模擬試験の小学校四年生の受験者数に目を向けると、確かにそれを裏付けていることが分かります。

成城（東京都新宿区／男子校）の入試広報室長・中島裕幸先生は、自校の学校説明会に参加する保護者の層の変化を口にします。

「いままでは小学校五年生・六年生の保護者が学校説明会にいらっしゃることが多かったのですが、最近は三年生・四年生の保護者の比率が高くなっているように思いますね。以前はあまり見られなかった傾向です」

東京都市大学等々力《とどろき》（東京都世田谷区／共学校、八四ページコラム参照）の教頭・二瓶克文先生も小学校低学年の保護者の学校説明会参加者数が増加していることを語ってくれたのですが、このことが予期せぬ事態を引き起こしたといいます。

「今年入学してきた中学校一年生の保護者にアンケート調査をおこなった結果、本校の学校説明会に参加できなかった方が実に四割に上ったのです。コロナ禍で座席数をしぼったため、すぐに満席になってしまったことと、小学六年生の保護者以外の占める割合が高かったからでしょう」

これを受けて、東京都市大学等々力では今年から小学校六年生保護者限定の学校説明会を数多く設けたようです。それでも、受験学年、あるいはそれ以外の学年にかかわらず説明会は即座に満席になると二瓶先生は言います。

そうなのです。この「中学受験ブーム」は「これから」始まる話ではないのです。数年前から中学受験は既に活況を呈していて、激戦が繰り広げられています。

次のデータに目を向けてみましょう。

「二月一日（午前）受験者数」は、首都圏の国私立中学受験生総数に近いと言われています。そして、「募集定員総数（一都三県）」は、ざっくり言うと、首都圏の中学受験生を受け入れられるその「キャパシティ」を意味する数値です。

グラフに目を向けると、二〇一五年度までは中学受験者数が減少していましたが、それ以降は年々その数が増加傾向に転じていることが分かります。

さらに、一目瞭然なのは、二〇二〇年度以降は「二月一日（午前）受験者数」が「募集定員総数（一都三県）」を上回っています。これは何を意味しているのでしょうか。

そうです。二〇一九年度までは「学校を選べる」時代だったのですが、二〇二〇年度以降は「学校から選ばれる」時代へと変化したのですね。実際に中学受験で第一志望校に合格できるのは、男子で「約四人に一人」、女子で「約三人に一人」と言われています。換言すれば、男子の四人に三人は、女子の三人に二人は第一志望校の入試で不合格になってしまうのです。首都圏の中学受験ではなかなかの激戦が繰り広げられているのです。

ただ、前言を翻すようなことを申し上げると、大半の入試では「抜け」（合格者のうち何割かは他校に入学すること）を事前想定して、定員よりも多くの合格者数を出しています。

首都圏の２月１日（午前入試）私立中学受験者数の推移、募集定員

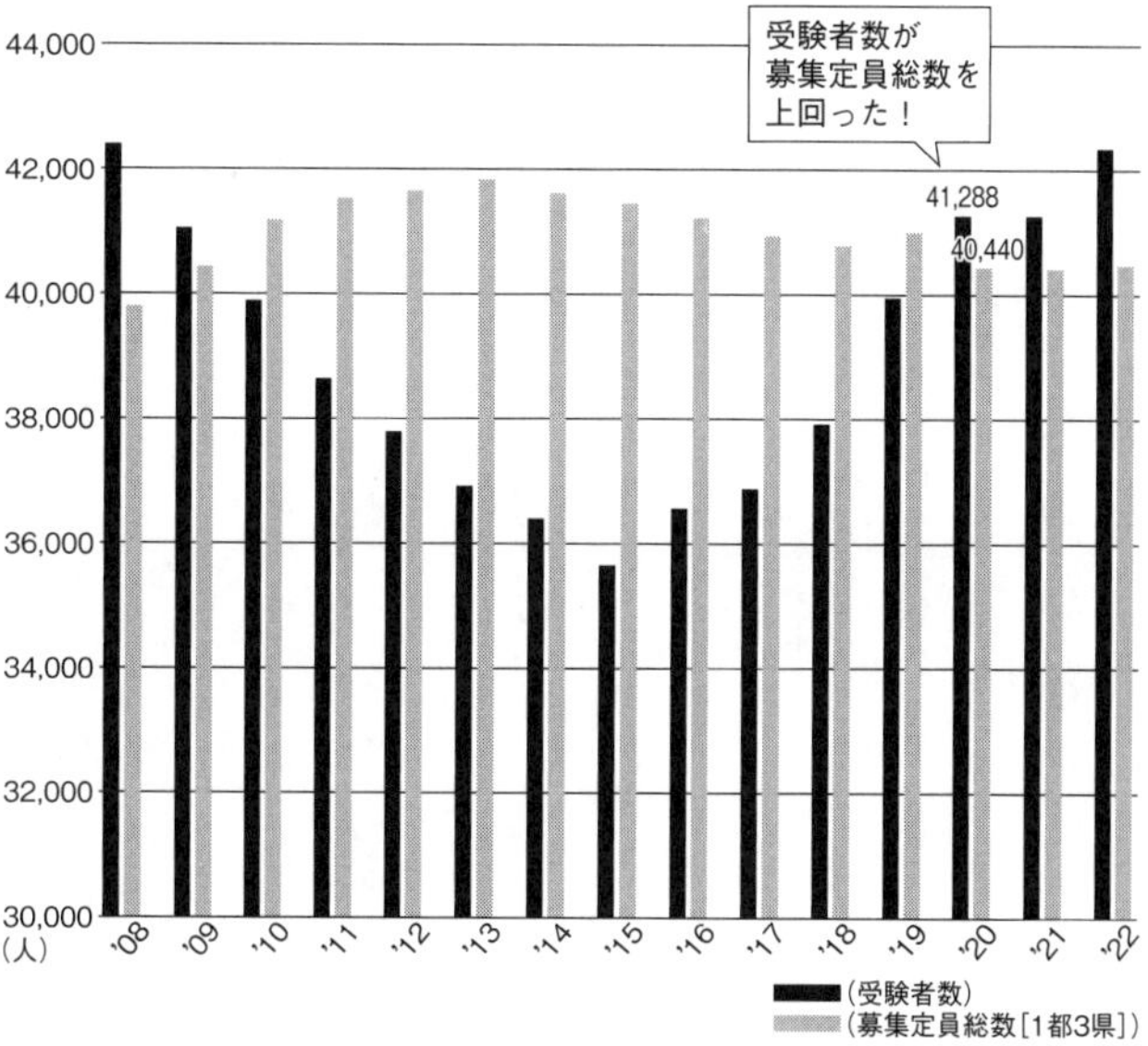

2月1日（午前入試）私立中学受験者数推移と募集定員（1都3県）

年度	２月１日（午前）受験者数	募集定員総数（１都３県）
2022年度	42,350名	40,472名
2021年度	41,266名	40,412名
2020年度	41,288名	40,440名
2019年度	39,959名	41,002名
2018年度	37,939名	40,788名
2017年度	36,893名	40,950名
2016年度	36,585名	41,254名
2015年度	35,655名	41,462名

（データ：上下ともに森上教育研究所）

詳しくは本書の後半で言及しますが、わが子の学力数値に基づいて慎重な志望校選びをおこなえば、全敗、すなわち、どの学校からも合格切符をもらえないという事態は避けることができるのです。

人気を博す四つの要因

なぜ、首都圏の中学受験はこんなに盛況を博しているのでしょうか。

よく考えれば、日本は少子化の進行が著しいことが問題視されていますから、中学受験人口の増加を不思議に思う保護者もいることでしょう。

中学受験が人気を博す要因について、わたしが考えていることを何点か取り上げて説明していきます。

大学入試改革・大学入試定員厳格化

政府の教育再生実行会議、文部科学省の中央教育審議会などが議論を積み重ねた結果、二〇二〇年度より従来の「大学入試センター試験」が廃止され、新たに「大学入学共通テスト」が始まりました。従来の「知識偏重型」の入試から「思考力・判断力・表現力」などを見る内容への変更を目指したものです。

さらに高校生が新学習指導要領下で学び終える二〇二四年度より「大学入学共通テスト」の実施科目や内容が一部変更になります。たとえば、「情報」という新科目や、近現代（おもに一八世紀以降）の世界と日本の歴史を扱う「歴史総合」といった科目の登場はその一例です。

このような大学入試の変革期には、校内の管理職の指示の下で迅速に対応できる私立中高一貫校の柔軟性が注目されます。六年間という長い期間をかけて、ゆっくりじっくりとこの劇的な変化に対応していくことができる——ここに期待を寄せる保護者が大勢いるのでしょう。

加えて、二〇一六年度の大学入試より実行された文部科学省による「大学合格者数抑制策（定員の厳格化）」が中高一貫校の人気に拍車をかけました。これは地方の大学の受験者数を確保したいという狙いがあり、私立大学における入学定員の超過による「私立大学等経常費補助金」の不交付の基準を厳しく定めたものです。ざっくり言うと、大学入試で合格者を出しすぎてはいけないという命令なのですね。

これを受けて、首都圏にある有名大学が軒並み合格者数をしぼりこみました。その結果、首都圏の私立大学が一斉に難化したのです。このような大学入試の厳しさを知った小学生保護者が中高一貫校、とりわけ大学付属校に目を向けることになりました。

中学受験熱の高い都心部の児童数増加

日本では少子化が進行しています。これは紛れもない事実です。しかしながら、都心部だけに目を向けると、児童数は今後緩やかに増えるエリアもあるというデータが出ています。都心部というと中学受験熱が高い地域（富裕層の集まりやすい地域）です。

たとえば、東京都港区、品川区、中央区、江東区などの「臨海部」には数多くのタワーマンションがどんどん建設されていて、これに伴い児童数が激増しています。その証左として、児童総数一〇〇〇名を超える小学校が複数あったり、いまある小学校だけでは児童を収容できない事態になったため、新たに小学校が設立されたりしています。

みなさんは「タワーマンション」というと、そこの住人たちの人間関係にどのようなイメージを抱くでしょうか。「一戸一戸が隔絶されていて、近隣の住民とは一切の交流を持たなそうである」と感じる方が多いのではありませんか。

ところが、実際は正反対なのです。

港区のタワーマンションに入居している小学生保護者からこんな話を聞きました。

「タワーマンションって、垂直に建っている『長屋』のようなものです」

聞けば、自治体が中心となって、同じ年頃の幼児を持つ近隣の保護者同士を繋げる場を用意することもあるようです。そうすると、同じタワーマンションに住む幼児の保護者が何人も集まることになります。そこで培った人間関係は濃厚で、その後も付き合いは続いていきます。

また、タワーマンションには「パーティールーム」や「ラウンジ」が備え付けられているところが多いですから、定期的に住民たちが触れ合う場もあります。

さらに、タワーマンションに入居するご家庭の「共働き世帯」の率は高く（保育施設などが完備されたマンションもありますので）、「当番制」のようにして、互いの子どもたちを自宅に預け合うなんてことも頻繁にあるそうです。

ですから、「あそこの塾が良い！」なんていう評判は、タワーマンション内を瞬時に駆け巡ります。わたしの経営する塾の一つは港区三田にあり、臨海部のタワーマンションから通塾する子どもたちが大勢いるので、それを肌身で感じています。「矢野先生の塾は酷い塾だ！」なんていう噂がマンション内でもし広まったら、なんて考えると背筋が凍ります（怖いよ、眠れないよ……）。

話を戻しましょう。一〇年くらい前までは臨海部の中学受験率はさほど高くはありませんでした。しかし、あるタイミングから臨海部の中学受験率が一気に高くなったのです。この現象は保護者のネットワークが作り上げたものと断じて間違いありません。

中学受験に親近感を抱く保護者の増加

わたしの塾への入塾を検討される保護者と面談をしていると、保護者自身が中学受験している率がかなり高くなっていることに気づかされます。

学習指導要領が改訂されたことへの公教育への不信感や、大学入試センター試験の新規導入などの改革がきっかけで「中学受験ブーム」が一九九〇年前後に起こりました。いまと同じような出来事が勃発していたわけです。一九九〇年前後というのは、わが子の中学受験をいま、ちょうど考えている保護者が小学校に通っていたような時期です。この時期を境に首都圏、とりわけ都心部の中学受験が「一般化」していったのです。

ですから、保護者が中学受験経験者であるケースが多いのは合点がいきます。自身が経験した世界であり、かつ中学受験を経て中高一貫校の良さを知っているからこそ、わが子に同じ道を勧めようとするのでしょう。

また、保護者の当時の中学受験を支えたのは、お子さんにとっての祖父母です。かつてわが子の中学受験を応援していた立場からすると、（おそらく）わが子以上にかわいいに違いない孫の中学受験に理解があるのは当然ですし、積極的に援助するような祖父母だっていることでしょう。二〇一三年度の税制改正において創設された「直系尊属から教育資金を受けた場合の贈与税の非課税制度」の後押しも大きいと考えられます（塾費用も「教育資金」に算入できます）。

コロナ禍

二〇二〇年に全世界を「新型コロナウイルス」が襲いました。同年には政府から一斉休校の要請が出たり、緊急事態宣言が幾度か発出されたりしました。

わたしはこの「コロナ禍」は、中学受験にとって相当の「逆風」になるかもしれないと、当初は身構えました。

二〇二一年二月に刊行した拙著『令和の中学受験　保護者のための参考書』の「終章」に次のような記述があります。

〈私立中高一貫校に通学している生徒の大半は「電車通学」です。

今後コロナがいったん終息に向かったとしても、いつぶり返すか分からないウイルスのことを気に掛けると、わが子を満員電車に乗せて遠くの学校に通わせたり、ターミナル駅で乗り換えさせたりすることに、抵抗感を抱いてしまう保護者が多いのではないでしょうか。〉

わたしはこのようなことを書いたうえで、「それでも中学受験市場が急激に冷え込むとは限らないのではないだろうか」という見方を披露しました。

〈コロナ禍で休校を余儀なくされた期間、公立と比較して私立中高一貫校の多くは（学校によってその「温度差」はありますが）オンラインを活用した学習システムを迅速に導入し、生徒たちの学びに日々寄り添ったことが大きな話題になりました（そもそもオンライン学習の環境が整えられていた学校が多いのです）。

私立中高一貫校の新たな魅力がコロナ禍により図らずも見えてきたのですね。〉

わたしの正反対の「二つの予測」は後者のほうに軍配が上がりました。コロナ禍の影響で変化した中高一貫校の取り組みは第二章に後述しますが、このような緊急事態下であってもオンラインを活用して子どもたちの学びを止めないという姿勢が小学生保護者の共感を呼び、かえって中学受験が注目を集めるきっかけになったのです。

中高生活は最初の「心持ち」

さて、中学受験で第一志望校に合格できるのは、男子「約四人に一人」、女子「約三人に一人」と申し上げました。

しかしながら、各校の入試で定員を上回る合格者数を出していることを考えると、子の成績数値に基づいた客観的で冷静な志望校選定ができると、どこかの学校には合格、進学できる可能性が高いのです。

ですから、わが子の中学受験を控える保護者が志望校を選定する際には「わが子が第一志望校に合格できない」可能性を勘定に入れることがとても大切です。

受験生であるわが子が「第一志望校合格！」という強い気持ちを抱いて勉強に励むのは当然でしょうが、保護者までもが子どもと一緒になって「絶対、第一志望校！」となるのは危険です。第一志望校に合格する子より不合格を喰らってしまう子のほうが圧倒的に多いのですから。

ここでわたしが言いたいことをまとめる前に、中高一貫校の先生方のコメントを、いくつか紹介することにしましょう。

「中高一貫の六年間でぐんぐんと学力的にも精神的にも目覚ましい成長を遂げる子どもたちに共通していることは何でしょうか？」という質問を、わたしが学校の先生方に投げかけたとき、面白いくらいに同じような回答が得られたのです。

三輪田学園（東京都千代田区／女子校）の教頭・湯原弘子先生はこんなことを口にしまし

た。

「二〇一八年度から三輪田学園は二月一日の午後入試を導入しました。午後入試で入ってくる生徒たちのほうが（第一志望者の多い二月一日午前入試組と比較して）平均的な学力は総じて高い傾向にあります。しかし、中学校一年生の定期考査の得点結果を検証すると、午後入試で入ってきた生徒よりも、午前入試で入ってきた生徒たちのほうが平均点が高くなるということがあったのです」

この事実は一体どういうことを示唆しているのでしょうか。

湯原先生は言います。

「望んで三輪田学園に入ってきた子たちほど伸びやすいのかなあと思わされました」

次に、幼稚園から高等部までの一貫教育をおこなっている森村学園（神奈川県横浜市／共学校）で入試広報部長を務める浅沼藍先生はこんな話をしてくれました。

「森村学園の学校生活を前向きにとらえて、いろんな場面で充実している子が学力を伸ばしていくように思います。学校生活に後ろ向きになってしまう子の中には、入学した本校が第一志望校ではなかったという場合もあるかもしれません。中学受験の結果からなかなか気持ちを切り替えられないとすると、保護者を含めた周囲の影響を受けていることもあるのでしょうね」

そして、駒場東邦（東京都世田谷区／男子校）の中学教頭・田子久弥先生は自校の教育の特色を交えて「伸びる子」「伸び悩む子」の違いをこう説明します。

「ウチの学校はあれをやりなさい、これをやりなさい、と強制する指導をおこなうのではなく、数多くの学びの機会を用意するようにしています。そういう場に自ら飛びつける子は興味関心の幅も一気に広がりますし、学力的に大きく伸びていく傾向にあります。反対に、こんなもの何の役に立つのか、などと疑い、消極的な姿勢になってしまう子は学力的に伸び悩んでしまうことが多いのです」

先ほどの森村学園の浅沼先生のコメント同様、駒場東邦の田子先生も子どもたちの学習姿勢には保護者の影響があるのではないかと、ことばを継ぎます。

「たとえば、保護者が『先取り学習』を求めて外部の塾ばかりを頼ってしまう。そうすると、大学受験では一見役に立ちそうもない学びに目が向かなくなってしまうことがあるのかもしれません。これは本校が第一志望校でなかったご家庭によく見られる傾向です。一方、本校を第一志望校にして入学してきた子は、学校に対する思いが強いですからね。こちらが用意した数々の学びの機会に嬉々として取り組んでいけるのです」

理想はすべてが第一志望校

これらの学校の先生方のコメントを目にした保護者の中には、「第一志望校でなければ、わが子は中高で学力的に伸び悩んでしまうのではないか」と、かえって心配される方がいるかもしれません。

いいえ、そうではないのです。

たとえ、わが子の第一志望校の合格が叶わず、第二志望校、第三志望校、あるいは第四志望校に合格、進学することになったとしても、保護者がその学校の魅力を十分に感じていて、わが子の中高生活のスタートを前向きに後押しすることこそが大切なのです。

わが子が第一志望校の不合格の報を突き付けられたとき、どうしますか？

わが子の合格になかなか巡り合えず、連日残念な知らせが続いていたら、どういう態度を取りますか？

中学受験生はまだ一一〜一二歳。子どもたちは物事の善悪を判断する際に、「保護者の顔色」をその尺度にすることが多いのです。

ですから、中学受験期の保護者の一挙手一投足を、お子さんはさりげなく、でも確実に注視しています。

「第一志望じゃなかったから、中学受験は失敗だわ」

「こんな学校、進学したって意味ないでしょ」

思わず発してしまったこんなことばは、刃物と化して子どもたちの心に突き刺さります。

「結果として第三志望校になったけれど、あなたを選んでくれたのだから、お母さんはこの学校が大好きだよ」

「悔しい思いもたくさんしたけれど、一校合格できてよかったじゃない。本当におめでとう！」

わが子が立ち直るのに時間はかかるかもしれません。でも、こんな声掛けこそがうなだれている子どもたちが前を向くための推進力になるはずです。

中学受験の経験がわが子にとって「良いもの」になるかどうかは、保護者の態度、姿勢によって決まるところもあるのです。

理想論に聞こえるかもしれませんが、志望校選定の際に第一志望校、第二志望校、第三志望校……という順位付けをするのではなく、「この学校も良いし、あの学校も良い」と保護者が心から思えると素敵ですよね。

合格を心から祝福するために

当たり前ですが、さまざまな人間が集まり、コロナ禍のような偶発性にも大きく左右される学校という空間に「完璧」などありません。どんな学校であれ、充実した楽しい日々をその学び舎で送っている在校生がいる一方、日々の通学に苦痛を感じていたり、つまらなさを抱いていたりする在校生だっていることでしょう。

そして、母校に誇りを持ち、自身のかけがえのない「ふるさと」として心の支えにしている卒業生がいる反面、母校に六年間通ったことを後悔し、もう二度と立ち寄りたくない場所になってしまう卒業生だっているにちがいありません。

みなさんが強く願うのは、わが子が中高生活を全身で謳歌するとともに、卒業後にも母校で過ごした日々を大切な宝物として持ち続けてほしいということでしょう。

先ほどの話に戻りますが、わが子の中学受験が終わったときに、一番通いたかった学校への進学が実現せず、別の学校の合格を手に入れたとしても、親としてその結果を心から「祝福」できるかどうかです。それができれば、わが子が明るい中高生活を送れる可能性をほんの少し高められるのではないか。そんなふうにわたしは考えます。

【学校訪問その一　浦和明の星女子】卒業生が節目に「帰星」する学び舎

竹は節ひとつひとつに成長点を持ち、その節を利用してぐんぐん急成長するらしい。大学を卒業して社会に羽ばたくとき、昇進して部下をはじめて率いるとき、結婚を決めるとき、子を授かったとき……。わたしたちは人生でさまざまな「節目」を迎える。それらは自身の新たな成長期への入口であるとともに、一抹の不安や戸惑いを抱きやすいタイミングでもある。そんなとき、人は過去の「節目」を振り返り、自身の「軸」を確かめたくなる。

さいたま市緑区東浦和にある中高一貫校「浦和明の星女子」。この中高一貫校の卒業生たちは、ことあるごとに青春を過ごした学び舎に立ち寄る。彼女たちはそれを校名にちなんで「帰星《きせい》」と呼ぶ。いつ誰が使い始めたことばなのかは判然としないが、卒業生同士が連絡を取り合うとき、「そろそろ帰星しようよ」という具合に、ごく自然に口にするという。

同校は、埼玉県屈指の女子進学校である。桜蔭・女子学院をはじめとした難関校を二月に受験する女子優秀層が、その前哨戦として一月におこなわれる同校の中学入試に挑むケースが多い。入試日程の関係上、同校を第一志望にする子は少ないと言われている。

第一志望者は少ないけれど

それでは、同校を第一志望にして入学した生徒は全体の何割くらいなのだろうか。

「アンケートを取っているわけではないので、数値としては正直分かりません。ただ生徒たちに話を聞くと、多くの生徒は『明の星』だったら通いたいと考えて受験していたようです」

同校の広報部長を務める髙野栄治先生からはこのような回答を得たが、模擬試験のデータや各進学塾関係者の話などから総合すると、同校を第一志望校として入学した生徒は一学年四クラス（一学年約一六〇）のうち一クラス（約四〇名）の人数に届くか届かないかくらいではないか。わたしはそう睨んでいる。

にもかかわらず、先述のように同校の卒業生たちはこの学び舎を人生の「拠り所」にし、たびたび「帰星」している。

話を聞いた卒業生の女性（二七歳）も、第一志望校は早稲田実業だった。浦和明の星女子に初めて来たのは何と一月の入試当日のことだったという。それでも、今では年に二〜三回は「帰星」するほど母校への愛着がある。

「大学を卒業したり、就職や転職をしたりといった節目には、先生方に近況報告をします。あとは、同級生たちとやり取りしている中で、『そろそろ帰星しようか』と約束をして学校を訪れることもあります。そうそう、所属していたテニス部の後輩の様子を見にいくこともあります。母校に行くとホッとするし、落ち着けるんですよね」

彼女は中高六年間を振り返り、こう語る。

「あなたたちはひとりひとり特別なのだから『個』を大切にしなさい。そして、他者の『個』も同様に尊重しなさい。その上で『自立しなさい』。そんなことを言われ続けたように思います」

「自立」を突き付けられる六年間

同校は埼玉県唯一のカトリックミッションスクールである。教育モットーは「Be your best and truest self（最善のあなたでありなさい。そして最も真実なあなたでありなさい）」。

髙野先生はこう説明する。

「『ほんとうの自分を目指しましょう。そのためには、ありのままの自分を受け止めること、そして、周りの人と互いに助け合うことが大切です』という思いが込められています。あなたが与えられた使命は何か。それを考えながら学校生活を送ってほしいのです」

同校の卒業生たちの進路は多岐にわたるという。前出の卒業生はこう語る。

「学校側はいわゆる『一流大学』に進学することを重視していません。自分の本当にやりたいことが実現できる大学・学部・学科はどこなのか。いま振り返れば、そのやりたいことを見つける六年間だったのですね」

彼女の言葉を伝えると、髙野先生はほほ笑んだ。

「その通りです。高校生になると大学入試を意識した多くの講習がありますが、あくまでも希望制であり、強制ではありません。あなたが必要だと考えるものを自ら選びなさいという姿勢を貫いています。ある意味厳しいですよね。その分、普段から個々に合わせたきめ細やかな指導を心がけています」

女子中高生がぐんと成長する瞬間

髙野先生によると、生徒たちが自立への第一歩を踏み出す「成長タイミング」があるという。

「それは『自信』を持ったときです。わたしはテニス部の顧問ですが、試合に一度勝ったことで途端に練習姿勢が変わることがあります。あるいは、委員会活動などで役職に就いて、ある物事を苦労して成し遂げたときなど……。そんな成功体験があったときに子どもたちはぐんと成長します」

前出の卒業生も、こう話す。

「とにかく他人に頼らず自分自身でものを考えようという機会が多くありました。文化祭をはじめ、学校側がレールを敷くようなことはしませんね。『あなたたちが考えて良いと思うものをやってみろ』と。先生たちはそれをちゃんと見守ってくれるのです」

卒業生への配慮

同校の話に耳を傾けていると「生徒」と「教員」が強い信頼関係を結んでいることが分かる。

それを象徴しているのが同校の職員室。その入口脇にはとても大きなサイズの黒板がある。コロナ禍の今年は「密」にならないよう配慮しているというが、例年は多くの生徒たちが先生方を訪ねて、学習指導やさまざまな相談を受けている光景が見られるという。また、校内のいたるところが吹き抜けの構造になっていて、開放感とともに、常に先生方から見守られているという雰囲気が伝わってくる。

「個」を尊重する校風、教員との距離の近さ……。そんな六年間を過ごした生徒たちは、たとえ第一志望ではなかったとしても、いつしか母校愛が醸成されていくのだろう。彼女たちは卒業後もたびたび「帰星」するようになる。

髙野先生は嬉しそうに言う。

「卒業生たちは年がら年中やってきますね。小さなお子さんを連れて来る卒業生も多いですよ。大学を卒業したとき、結婚したときなどの大きな節目のとき……。何か悩みがあって訪問する場合もあるのかもしれませんね。学校を訪れてすっきりした顔で帰っていく子もいます。ここは私学ですから異動もない。中高時代に教わった教員が変わらずいることが多いのです」

髙野先生によれば、同校は校舎の建て替え工事をおこなったときにも、こんな配慮をしたという。

「工事をするときに大事にしたのは、前の校舎の趣をちゃんと残すこと。いろいろなものの配置もできるだけ変えないようにしています。ホールの位置もそのまま。噴水は位置こそ変わっていますが、同じ形で置いてあります。外壁だって似たような感じに仕上げています。卒業生たちが訪れたときに懐かしく当時を思い出してほしいのです」

（二〇二〇年八月二四日配信）

【学校訪問その二　吉祥女子】芸術系大学に強い秘密

ＪＲ中央線の下り線、西荻窪駅を過ぎると、車窓から教会と見まがうようなレンガ造りの塔がちらりとみえる。「真理」という意味のラテン語「VERITAS」の文字が刻まれているこの塔は、吉祥寺にある中高一貫校、吉祥女子中学・高等学校の一号館のシンボルタワーだ。

吉祥女子は東京の難関女子進学校のひとつであり、大手進学塾の模擬試験で活用される、いわゆる「偏差値一覧表」に目を向けると、洗足学園、白百合学園、頌栄女子学院、鷗友学園女子などとほぼ同じような位置にある。

吉祥女子の起源は一九三八年、新宿区に設立された帝国第一高等女学校。創立者は地理学の権威であり、出版社の「帝国書院」を立ち上げた守屋荒美雄《すさびお》氏である。戦後すぐに同校は武蔵野市吉祥寺東町に移転し、翌年その名を吉祥女子に変更した。校名を「吉祥寺女子」にしなかったのは、「寺」をつけることで仏教系の学校という先入観を持たれたくなかったからだとか。

二〇二〇年の同校の大学合格実績に目を向けてみよう。東京大学四人（うち現役三人）、早稲田大学八八人（同七三人）、慶應義塾大学五八人（同四八人）、上智大学四二人（同三八人）など、難関大学の合格者を数多く輩出していることが分かる。

しかし、他の女子進学校と比較して「ひと味違う」合格実績がある。

多摩美術大学一一人（同一一人）、武蔵野美術大学二三人（同二三人）……。そう、芸術系大学の合格者が多いのだ。

実はこの吉祥女子、かつては「芸術コース」を設けていた学校である。このコースは完全中高一貫体制になった二〇〇七年に廃止されたが、いまもなお同校は「高度な技術の習得と創造性を学ぶ」という方針のもと、芸術教育に力を入れている。

多彩な課外授業講座

吉祥女子は完全中高一貫教育をおこなっていて、高校二年生のとき進路別に〝系〟の編成がなされるという。同校の広報部長・杉野荘介先生は説明する。

「本校では高校二年から文系、理系、そして芸術系（音楽・美術）に分かれて学びます。言い換えれば、高校一年の秋までは自らの進路について、芸術系も含めてじっくりと考えることができます」

とはいえ、文系に進んだ生徒の中にも芸術分野の道を考えている生徒が含まれているとか。杉野先生はこう言い添える。

「近年の傾向としては、たとえば早稲田や一橋などの難関大と、音大や美大を掛け持ちして受験するような生徒もいます」

同校は高一以下の通常カリキュラムの中にもさまざまな芸術教育を組み込んでいて、生徒たちがあらゆる分野に興味関心を抱けるようにしているという。

それだけではない。同校では芸術分野を中心にした課外授業講座を用意している。「ピアノ」「声楽」「ヴァイオリン」「フルート」「トランペット」「クラリネット」「ソルフェージュ」「中学美術」「高一〜三造形」「華道（草月流）」「茶道（裏千家）」「箏曲（生田流）」「中国語会話」「着付」「日本舞踊（坂東流）」「バレエ」「英会話」「英語外部試験対策」の一八分野。

この課外授業、授業料は別途必要だが、かなり格安である。加えて、その道の一流講師陣から直接指導を受けられるという、なんともぜいたくな環境が用意されている。

生徒指導部副部長であり音楽科教諭の山田成香先生は言う。

「課外授業は音楽系の講座だけでも約一四〇人の生徒たちが受講しています」

杉野先生が付け加える。

「美術系の講座も人気がありますし、茶道には一〇〇人以上が集まります。生徒たちは、これらの課外授業に、部活の合間に取り組む『習い事』のような感覚で参加しています」

山田先生は「中学受験で私学を選んだからこそ、課外授業には意味がある」と語る。

「中学受験の勉強のために、それまで習っていた音楽や美術の習い事を中断した生徒は少なくありません。実にもったいないことだと思います。さらに、私学である本校には時間をかけて遠方から通学してくる生徒もいる。家に帰ってから習い事に行くのが難しい生徒も、学校の中にこのような講座があると、習い事を続けられますよね」

これらの講座の醍醐味を堪能できる施設や設備も整えている。そのひとつひとつを見学させてもらったが、どれも本格的な造りである。たとえば、美術科の施設ではアトリエのみならず、陶芸用の窯まで用意されている。

認められて成長する

美術科教諭の徳山高志先生は、課外授業についてこんな話をしてくれた。

「課外授業は絵を描くのが好きだからという動機で受講し始める生徒がほとんどです。が、彼女たちの成長過程において、社会的な問題に目を向けるようになる中でデザインに関心を抱き始めるとか、芸術のさまざまな分野を深く学んでいこうという姿勢が生まれてきます」

「うわあ！　徳ちゃん!?　懐かしい！」

徳山先生の取材模様の話をわたしから聞き、こう嬉しそうに声をあげたのは、同校出身で現在はイラストレーターとして活躍する平井さくらさん（三四歳）だ。

平井さんは学校生活をこう振り返る。

「吉祥では本当にいろいろな分野をじっくり学べました。デッサンに陶芸、段ボールアート、油絵など……。さまざまな世界をのぞくことで、絵画の見方が変化したのを覚えています」

平井さんには徳山先生との忘れられない思い出があるという。

「吉祥祭（文化祭）のポスターを作る係になったとき、私を含めた五人の案から一つが選ばれることになりました。わたしは自信がなかったのですが、なんと徳山先生はわたしの案を選んでくれて、『平井はセンスがいいな』なんて言ってくれて（笑）。結果的にはほかの子の案が選ばれたのですが、あのときは自分を認めてくれたように感じて、嬉しかったです」

芸術系の生徒たちは、どこかで自分を認められる場面を経験して、成長していくようだ。

また、芸術系には「面白い性格の生徒が多い」という。広報部副部長で家庭科教諭の山根晶子先生はこんな話を教えてくれた。

「芸術に打ち込んでいる生徒たちはそれぞれの視点や切り口、発想が独特ですよね。文系や理系の生徒は、それをどこかリスペクトする空気があります。教員の目線から見ても、たとえば講演会が開催され、その感想文を書かせると本当に面白いものが多い。ほかの生徒たちも『ええ!? あの子、こんな鋭いことを考えていたの!?』なんてびっくりすることがよくあります。行事等においては、芸術系の生徒たちはここぞという場面で頼りにされています」

個性を認め合える雰囲気

吉祥女子創立時の話に戻そう。

同校の創立者である守屋荒美雄氏は「社会に貢献する自立した女性の育成」を掲げ開校準備を進めたが、開校直前に急逝してしまう。同氏の遺志を継いだのは、数学者である息子の守屋美賀雄《みかお》氏であった。

親子二代で興された学校でありながら同族経営ではなく、教職員の自主性に委ねることで現場の創意工夫を促した。それを象徴するのは、守屋美賀雄氏自身が敬虔《けいけん》なカトリック信者であったにもかかわらず、「学校としての多様性を尊重したい」と、宗教色を一切学校に持ち込まなかった点だ。

それから時代は流れた。いまの吉祥女子の生徒たちの雰囲気はどういうものなのだろう。杉野先生はこう表現してくれた。

「本校は、『どんなタイプ』であっても『共存』できる良さがありますね。グループが固定されるようなこともあまりないですし」

山田先生も杉野先生の発言に深く同意する。

「運動系の部活で活躍する生徒、クラスの雰囲気を盛り上げる生徒、芸術に打ち込んでいる生徒、とにかく本が大好きな生徒、あるいは特定分野においてオタク気質な生徒……。本当にいろいろな生徒がいます」

芸術コースを廃しても、吉祥女子が芸術教育をいまもなお大切にしている理由が分かったような気がした。

杉野先生は胸を張る。

「わたしたちは『多様性』という表現をさほど押し付けているわけではありませんが、生徒たちに本校の特色を語らせると『多様性』ということばが自然にたくさん登場します。本校では芸術だけではなく、ジェンダー、国際理解といったものも含めて、さまざまな多様性を認める文化が根付いています。相手をすぐに否定するのではなく、その良さを見つめつつ、互いに尊重し合いながら自分の意見を表明することができる……そういう環境があるのだと思います」

吉祥女子には創立時の精神が確かに引き継がれているのだ。

（二〇二〇年一二月一四日配信）

第二章　令和の中高一貫校

【この章のポイント】
●高校卒業後の進路まで視野に入れる
●「国際」の文字を冠した新設校の実力
●他校との協働プロジェクトに注目する

「日本は衰退途上国である」と言われて気持ちの良い人はいないでしょう。でも、この見方に真っ向から反論するのは難しいことです。戦後約四〇年にわたって続いた経済発展は平成時代に入った頃から停滞し、いまだに回復の兆しは見えません。

経済協力開発機構（OECD）が二〇二一年に公開した前年二〇二〇年度のOECD加盟国の平均賃金データに目を向けると、日本は三五ヵ国中二二位であり、先進七ヵ国中で六位というなかなか厳しい現実が突き付けられています。

ほかにも、円安の進行、工業製品の輸出力の低下……日本の課題は山積みですが、その中でも深刻なのは「少子高齢化」ならびに「人口減」でしょう。

日本の総人口は二〇〇八年の一億二八〇八万人をピークに、これ以降は人口減少社会に突入しています。また、国立社会保障・人口問題研究所が二〇一七年に公表した人口の将来推計（中位シナリオ）では、二〇二一年の時点での出生率は一・四〇で出生数は八六万九〇〇〇人とされていましたが、この想定を上回るスピードで少子化が進行しています。

子どもたちが大人になるときには、どんな日本になっているのでしょうか。高齢者を多く抱える日本社会で、いまの子どもたちはわれわれの世代とは比較にならないくらいの重荷を負うのかもしれません。

各種教育機関はこの少子化の進行に戦々恐々としています。とりわけ大学はすでに一八歳人口減少の影響を受けていて、日本私立学校振興・共済事業団が二〇二二年九月に公表した「私立大学・短期大学等入学志願動向」のデータによると、集計した五九八校のうち、定員割れの私立大学・短期大学は二八四校であり、その率は四七・五％と実に半数近くを占めています。今後、さらにこの割合は高くなると予想されています。

そのため、いろいろな策を講じて大学は生き残りを懸けています。

その一つが「中高一貫校」を傘下に置き、付属校化することです。これを実現することで、大学サイドとしては安定的に学生を確保したいと望んでいるのでしょう。

たとえば、かつて横浜山手女子（神奈川県横浜市／女子校）という中高が横浜市中区山手町にありました。この学校は二〇〇九年に中央大学との合併協定書に調印し、翌年には中央大学の系属校として中央大学横浜山手に名称変更しています。さらに、二〇一二年を皮切りに中学一年生から段階的に共学化を進め（二〇一六年に中高完全共学化を果たしています）、二〇一三年にはキャンパスを横浜市都筑区に移転、学校の名を再び改称して「中央大学附属横浜」としました。

青山学院大学は二〇一四年に横浜英和女学院（神奈川県横浜市／女子校）を系属校化し、

二〇一八年度より共学化しました。その名は「青山学院横浜英和」。そして、二〇一八年には浦和ルーテル学院（埼玉県さいたま市／共学校）を系属校化する協定を締結し、二〇一九年度より「青山学院大学系属浦和ルーテル学院」に校名変更しました。

東洋大学は二〇一一年に京北（東京都文京区／男子校）を統合し、グループ校に組み入れました。二〇一五年より校名を「東洋大学京北」とし、共学化を果たしています。

全国に数多くの付属校を抱える日本大学もその例外ではありません。二〇一七年に日出（東京都目黒区／共学校）と準付属契約を結び、二〇一九年より「目黒日本大学」と校名を変えています。

武蔵野大学は二〇一六年に千代田女学園（東京都千代田区／女子校）と法人合併し、二〇一八年度より共学化、中学校名を「千代田国際中学校」、高校名を「武蔵野大学附属千代田高等学院」としています。

そして、いま、ある学校が注目を浴びています。

日本学園（東京都世田谷区／男子校）という学校です。一八八五年に創立された伝統ある男子校であり、この学び舎で過ごした著名人は枚挙に暇がありません。たとえば、作家の永井荷風、画家の横山大観、岩波書店創業者の岩波茂雄などが同学園のＯＢです。

その日本学園が二〇二二年に入って、明治大学と系列校連携に関する協定を締結したのです。これによって、日本学園は二〇二六年より明治大学の系列校となり、同時に学校名が「明治大学付属世田谷」に変わります。そして、この系列校化と同時に男子校から男女共学校へと踏み切ることが決まっています。

今後もこのように大学と中高が合併するケースはいくつも出てくるに違いありません。

「国際」を冠する新設校ラッシュ

二〇二二年八月下旬、首相の岸田文雄氏が文部科学大臣の永岡桂子氏とオンラインで話し合った「留学生三〇万人（受け入れ）計画」の内容がニュースになりました。当初の報道では「海外からの留学生の確保に努める」という側面ばかりが取り上げられ、その結果「日本の学生よりも海外からの留学生を優先して、国費で援助するのか」という世間の批判を浴びました。

ただ、この批判は見当違いです。

実際に面会の場で議題に上ったことは二点あります。

一つは、二〇〇八年に政府により策定された「留学生三〇万人計画」はいったん実現にいたったものの、主にコロナ禍の影響で現在は三〇万人を下回った事態になっているので、これを再び三〇万人以上にするために新たな方策を練っていきたいということです。

そして、もう一点は、「海外への留学を希望する日本の学生の送り出し」についても政府が力を入れていくということです。

この「新たな留学生受け入れ・送り出し計画」が話し合われた背景を考えますと、少子化に苦しむ大学を海外からの留学生の受け入れによって救済するとともに、彼ら彼女たちが将来的に日本に留まることを期待していると同時に、日本から海外に送り出した学生が世界最先端の研究分野に触れることで、それを日本に持ち帰ってほしいという願いがあるということを意味しています。

先ほど生き残りを懸ける大学について言及しましたが、何より生き残りを懸けねばならないのは深刻な課題をいくつも抱えるこの「日本」という国です。日本が今後発展していくためには海外との相互のつながりが不可欠になっているのです。

さて、二〇二二年の春、首都圏の私立中高が次年度の入試や仕様面の変更点などを発表する時期に、二つの学校の改革が注目を集めました。

一つは、東京女子学園（東京都港区／女子校）の改革です。

二〇二二年四月にあった同校の発表によると、来春二〇二三年度から校名変更をおこなうとともに、女子校から共学校へとシフトするとのことです。その新たな校名は「芝国際」。

もう一校は蒲田女子高校（東京都大田区／女子校）が二〇二四年度から「羽田国際高等学

校」へと校名を変え、こちらも共学化を図るそうです。そして、翌年の二〇二二年度からは長い間、生徒募集を停止していた中学校を再び開校することになりました。

そういえば、二〇一五年には戸板（東京都世田谷区／女子校）が「三田国際学園」と校名変更・共学化を果たし、二〇二二年には星美学園（東京都北区／女子校）が共学化し、名称を「サレジアン国際学園」に、二〇二三年には目黒星美学園（東京都世田谷区／女子校）が共学化し、「サレジアン国際学園世田谷」となる予定です。

これらの共通点は、共学化を図っているということです。

そして、もうひとつの共通点に気づきませんか？

そうです。学校の新校名に、いずれも「国際」という単語が含まれているという点です。グローバル教育が叫ばれ、国内大学から海外へ目を向ける子どもたちが増えていることもあり、「国際」を校名に盛り込むことで、その時代の潮流にわが校も乗ろうという宣言なのでしょう。

「国際」という表現は明治時代になって用いられ始めた和製漢語であることをご存じでしょうか。

『日本国語大辞典　第二版』を引くと、「語誌（一）」に次のような記載が見られます。

〈幕末から明治初期にかけて、当時の知識人や政府の要人達が国際法思想の移入に際して、

盛んに利用した漢訳洋学書「万国公法」の中に使用された「各国交際」というフレーズから造語された和製漢語〉

なるほど、「国際」とは「各国交際」から生まれたのですね。

これからの日本は各国とどのような「交際」をおこなっていくのでしょうか。何か大きな変化があるのでしょうか。いずれにせよその行方がこれからの日本の中高教育に影響を及ぼすのは間違いありません。

なお、先述の通り近年は男女別学校の「共学化ラッシュ」が続々と起こっています。男女別学校、共学校それぞれの特色の紹介は後章に譲りますが、ここでこの二〇年の間に共学化した首都圏の主要な中高一貫校を一覧にしておきます。こんなにたくさんの学校が、と驚かれるのではないでしょうか。

注目を浴びる芝国際

来春二〇二三年度より校名変更・共学化をおこない誕生する芝国際の開校準備室長の小野正人先生は、その反響の大きさは想像以上だと語ります。なお、小野先生は東京都市大学付属をはじめ、いくつかの学校の校長を歴任してきた実績を持っています。

「学校説明会は応募者が多く、即日で募集を締め切る状態が続いています。中高合わせて五

この20年で共学化した、これから共学化する首都圏の主要校

共学化した年度	学校名称	学校形態
2002	早稲田実業学校中学部　→　早稲田実業学校中等部	男子校→共学校
2002	工学院大学附属	男子校→共学校
2003	市川	男子校→共学校
2006	嘉悦女子　→　かえつ有明	女子校→共学校
2007	順心女子学園　→　広尾学園	女子校→共学校
2007	法政大学第一　→　法政大学	男子校→共学校
2007	宝仙学園　→　宝仙学園共学部理数インター※	女子校→共学校
2008	明治大学付属明治	男子校→共学校
2009	目白学園　→　目白研心	女子校→共学校
2010	郁文館	男子校→共学校
2010	東横学園　→　東京都市大学等々力	女子校→共学校
2012	横浜山手女子　→　中央大学附属横浜	女子校→共学校
2014	安田学園	男子校→共学校
2015	戸板　→　三田国際学園	女子校→共学校
2015	日本橋女学館　→　開智日本橋学園	女子校→共学校
2015	京北　→　東洋大学京北	男子校→共学校
2016	法政大学第二	男子校→共学校
2018	横浜英和女学院　→　青山学院横浜英和	女子校→共学校
2018	文化女子大学附属杉並　→　文化学園大学杉並	女子校→共学校
2018	八雲学園	女子校→共学校
2019	横浜富士見丘	女子校→共学校
2019	武蔵野女子学院　→　武蔵野大学	女子校→共学校
2020	小野学園女子　→　品川翔英	女子校→共学校
2021	芝浦工業大学附属	男子校→共学校
2021	聖徳大学附属女子　→　光英VERITAS	女子校→共学校
2021	村田女子　→　広尾学園小石川	女子校→共学校
2022	星美学園　→　サレジアン国際学園	女子校→共学校
2023	東京女子学園　→　芝国際	女子校→共学校
2023	目黒星美学園　→　サレジアン国際学園世田谷	女子校→共学校
2024	蒲田女子　→　羽田国際	女子校→共学校

※宝仙学園は「共学部理数インター」のほかに、「高等学校女子部」がある。
※羽田国際の中学校募集再開は2025年度より。

回の説明会を追加したのですが、それも一〇分足らずで満席になるくらいです。これにはびっくりしています」

芝国際誕生に向けて、海外在住の日本人を対象にした説明会も開催しているといいます。

「六月上旬にニューヨークやサンフランシスコ、ロサンゼルスなど計五ヵ所で単独の学校説明会をおこなったのですが、急な案内だったにもかかわらず、大勢の保護者が集まってくれました。わたしが東京都市大学付属の校長時代にも海外で説明会をおこなったことがありますが、そのときと比べてもかなり注目されているという感じがします」

なぜ、まだ開校していないにもかかわらず、芝国際はこんなに中学受験生保護者から期待の目で見られているのでしょうか。

小野先生は保護者が芝国際の三つのポイントに注目しているようだと話します。

「一つはわたしたちの学校の新校舎に一〇〇〇名近い『ローラス・インターナショナルスクール』の生徒たちが『同居』することになるからでしょう。日本で唯一サイエンスに特化したインターナショナルスクールでして、そこの生徒たちと交流できる。つまり、日本にいながらグローバルな環境を提供できるということです」

このインターナショナルスクールとは学校の一部の行事や課外活動で連携し、子どもたちが互いに関わっていくといいます。

小野先生は二点目のポイントを挙げます。

「わたしたちは先端のＳＴＥＡＭ教育に取り組んでいきますが、とりわけサイエンスに力を入れていく予定です。それもあってか、男の子の保護者から多くお問い合わせを頂戴していますが、普通、女子校が共学化する最初は女子のほうに偏って集まるケースが多いのですが、そんなことはありませんでした」

ＳＴＥＡＭとは、Science（科学）、Technology（技術）、Engineering（工学・ものづくり）、Art（芸術・リベラルアーツ）、Mathematics（数学）の五つの単語の頭文字を組み合わせた教育手法を指します。学問領域の枠を超えて考えられる力や、従来にはない着眼点を育てる狙いがあり、政治や経済、科学技術などが絡み合うこれからの複雑な社会に対応できる人材を育成するために効果的な教育手法ではないかと期待されています。

最後の三点目のポイントはどういうものでしょうか。

「芝国際は新しい教育、世界標準の教育をおこなおうと意気込んでいます。しかし、それが上滑りにならないように基本的な学力養成にも力を注ぎます。現時点で三分の一くらいが国際生コースの問い合わせであり、英語の運用能力が高い子たちが入学してくるのでしょうが、高校二年生くらいで進路を決定する際に、親の意向ではなく、本人自身が海外大学を目指すのか、国内の難関大学を目指すのかを自己決定してほしいと考えています」

「国際」という冠に足元をすくわれないようにという慎重さが、このことばから感じられます。

創立されてから長い歴史を持つ伝統校と比較すると、「これから始まる」新興校は先行きが見えず二の足を踏んでしまう保護者がいることでしょう。その気持ちは十分理解できます。

ですから、新興校をわが子の志望校として考える際は、「新しさ」だけに目を奪われず、学校側がこれからどのような教育体制を敷いていこうとしているのか、その説明の一言一句に注意深く耳を傾けてほしいと思います。

海外大学進学という選択

日本の学校教育はこれまで「内向き」であったようにわたしは感じています。保守的と言い換えて良いかもしれません。進路だってそうです。東京大学をトップとした大学のヒエラルキー構造は長い間変わっていません。

そのことを痛感させられる一例として、帰国生を積極的に受け入れる中高一貫校であっても、卒業生たちの進路先の大半は国内大学であり、海外大学への進学者が皆無に近いというところが多いということが挙げられます。

昨今の世の中は不安定です（安定していた時代はあったのかという突っ込みがありそうですが）。円安は加速度的に進行している、世界規模のコロナ禍はまだまだ終息の気配すら見せない、ロシアのウクライナ侵攻により世界そのものの姿が大きく変わるかもしれない――。

このような情勢の中、日本のこれからの教育、日本人の若者たちが舵《かじ》を切るその先は「内向き」のままなのか、あるいは「外向き」のものに転じるのか、果たしてどうなるのでしょうか。

それでも、わたしが中高一貫校の先生方に取材をしていると、進路に海外大学を選ぶ卒業生が増えてきたという事例を耳にするようになりました。

三輪田学園で校長を務める塩見牧雄先生は言います。

「今後は海外の大学を目指すという生徒が少しずつ増えそうです。というのは、中学入試の中に英検利用の回を設けましたし、今年からスーパーイングリッシュクラスという英語に特化した四技能を伸ばすような授業も導入しています。実際、海外への短期やイヤー（一年間）留学などの希望者は多くなっていますね」

在学中の海外留学生を対象に私学財団から助成金が出るといいます。留学期間が三ヵ月ならば約五五万円、一年間であれば約一五五万円が提供されるそうです。

三輪田学園はこのような制度を在校生たちに積極的に紹介するとともに、イギリスやカナダなどでの語学研修をおこない、これらに在校生たちが大勢参加しているといいます。

また、三輪田学園はできるだけ広い視野で物事を考えられるような教育に力を入れています。塩見先生はその取り組みの一例を次のように紹介します。

「中学二年生・三年生では短期学習を週に二時間取り入れています。最初のテーマ設定は教員がおこなうのですが、たとえば、家庭科の教員がおこなったのは「エシカルライフ」(＝地球にやさしい生活)をテーマにした学習でした。ＳＤＧｓ、フードロス、フェアトレードなどの話を概略的に説明したところ、生徒たちが興味を示したのはオーガニックコットンについて。一般的なコットンが安い背景にはどういう事情があるのかなどを調べ、実際に無印良品のお店にインタビューするということもありました」

子どもたちにとって身近なものを入り口にして、視野を大きく広げてもらいたいと塩見先生は期待を寄せています。

海外大学に目を向ける在校生が少しずつ増えてきたのも、三輪田学園のこうした教育が実を結んだからでしょう。

同学園教頭の湯原弘子先生は、一人の卒業生の話を嬉しそうにしてくれました。

「昨年、本校からイギリスのイースト・アングリア大学に進学した生徒がいるのですが、その生徒はＩＥＬＴＳ（英語熟練度を測る英語検定の一つであり、ケンブリッジ大学英語検定機構などによって運営されている）を受験し、そのスコアを上げることに努めた結果、海外大学から奨学金を得ました。今後、学校としてはこのような海外大学進学希望者を応援し、具体的な提案をしたいと考えています」

実践女子学園（東京都渋谷区／女子校）でも、在校生たちの国際理解を深めるための教育を実践しています。広報部長の羽生田英亮先生は次のような取り組みを教えてくれました。

「本校は早い段階から生徒たちにいろいろな体験をさせて、興味関心の幅を広げてもらおうと考えています。その一つに中学一年生から高校一年生まで実施する『未来デザイン』と名付けた独自の探究授業があります。教科の枠を取っ払い、対話を重視しながら身近な問題をテーマに世界とのつながりを体感していくというものです。

たとえば、『国際・異文化理解』をテーマにした授業では国際結婚をしている本校のネイティブ教員たちにインタビューしながら、異文化というものをどう捉えているかを具体的にヒアリングして引き出しています。ほんの一例ですが、こういう試みは一つの教科の枠内で取り組むのは難しいでしょう」

実践女子学園でも海外へ進路の舵を切る卒業生たちが出てきたと羽生田先生は言います。

「この春、二名の卒業生が台湾の大学に進学を決めました。昨年度はアメリカとオランダの大学に進学した子たちがいます。絶対数としては決して多くないのですが、毎年海外志向の生徒は出てきていますね。学校側では海外大学進学に関して専門の教員がいて、定期的にカウンセリングをおこない、進路先とのマッチングについてサポートできる体制を敷いています」

　森村学園の入試広報部長・浅沼藍先生は在校生たちが海外を身近に感じることのできる機会を学校側が提供しているといいます。

「二年近く前からアメリカの高校とＤＤＰ（Dual Diploma Program）でつながっています。森村学園の通常の授業に加え、放課後や週末にオンラインでアメリカの高校の授業を受講し、単位を取得することで、卒業時に日米ふたつの卒業証書を手にできるという、画期的なプログラムです。この試みが大学受験に繋がると、海外大学への進学者が増える可能性がありますよね。実際、メルボルン大学には二年連続で進学者を輩出しています」

　一方、こんなもどかしさを抱いている中高一貫校もあります。全国的に見ても屈指の難関校である聖光学院（神奈川県横浜市／男子校）の中学入試委員長・國嶋応輔《くにしまおうすけ》先生は正直な思いを打ち明けてくれました。

「海外大学の進学者は増えてはいないですね。コロナ禍に円安……コストパフォーマンスを考えたら、国内の大学に進学しようということになったのかもしれません。わたしは英語教員なので、いろいろな海外大学を生徒たちに紹介していますし、そこへチャレンジしてほしいと思っています。いま生徒会が海外大学に進学した先輩と海外大学志望者を繋げる試みをおこなっていて、これは今後も続けていこうと考えています」

広尾学園の圧倒的な海外進学実績

日本の中高一貫校の中で海外大学進学に圧倒的な実績を残している学校があります。広尾学園（東京都港区／共学校）です。

先進的な教育手法を貪欲に取り入れて、この一〇年ちょっとの間で一気に難関校の一角へと躍り出たのです。

「広尾学園」と聞いてピンとこない保護者も多いかもしれません。もともとは、順心女子学園という女子校でしたが、二〇〇七年に共学化に舵を切り、名称を広尾学園と変更したのです。この名を冠してまだ一五年しか経っていないのですね。

生まれ変わった広尾学園が重点を置いたのは「グローバル教育」「キャリア教育」「ＩＣＴ教育」であり、これらを上手く融合することで、生徒たちの学習意欲を喚起していきました。

とりわけインターナショナルコースは話題性が豊富で、数十名のネイティブ教員による国際性溢れる学習空間を構築し、英語によるプレゼンテーション能力の育成指導を徹底的におこない、課外のスピーチコンテストやディベート大会などで実績を残す生徒を数多く輩出しています。

そして、学内で海外大学の説明会を実施したり、海外大学見学ツアーを企画したり、外国人教員がチームを組んで海外大学志望者へのサポートをおこなったりしています。

その広尾学園のインターナショナルコース統括長の植松久恵先生は、あるタイミングで海外大学という進路を考えるようになった在校生が一気に増えたと言います。

「わたしは広尾学園に勤めて今年で一〇年ほどになりますが、海外大学への志望者は二〇一七年度の卒業生から一気に多くなって、そこから年々増えています。二〇一三年頃から海外大学の進学情報を集めて、生徒に伝える試みをおこなうようになりました。それを生徒一人ひとりのニーズに合わせて手渡せるように準備したことも影響しているのかもしれません」

コロナ禍が勃発する前は広尾学園へ毎年二百数十校の海外大学が訪問して、教員や生徒に最新情報を伝えてくれ、在校生たちの個別相談にも海外大学の担当者が直接応じる場があったといいます。

なお、海外大学の学費は日本国内の大学とは比較にならないくらい高額な場合が多く、奨学金制度を活用するのが一般的です。

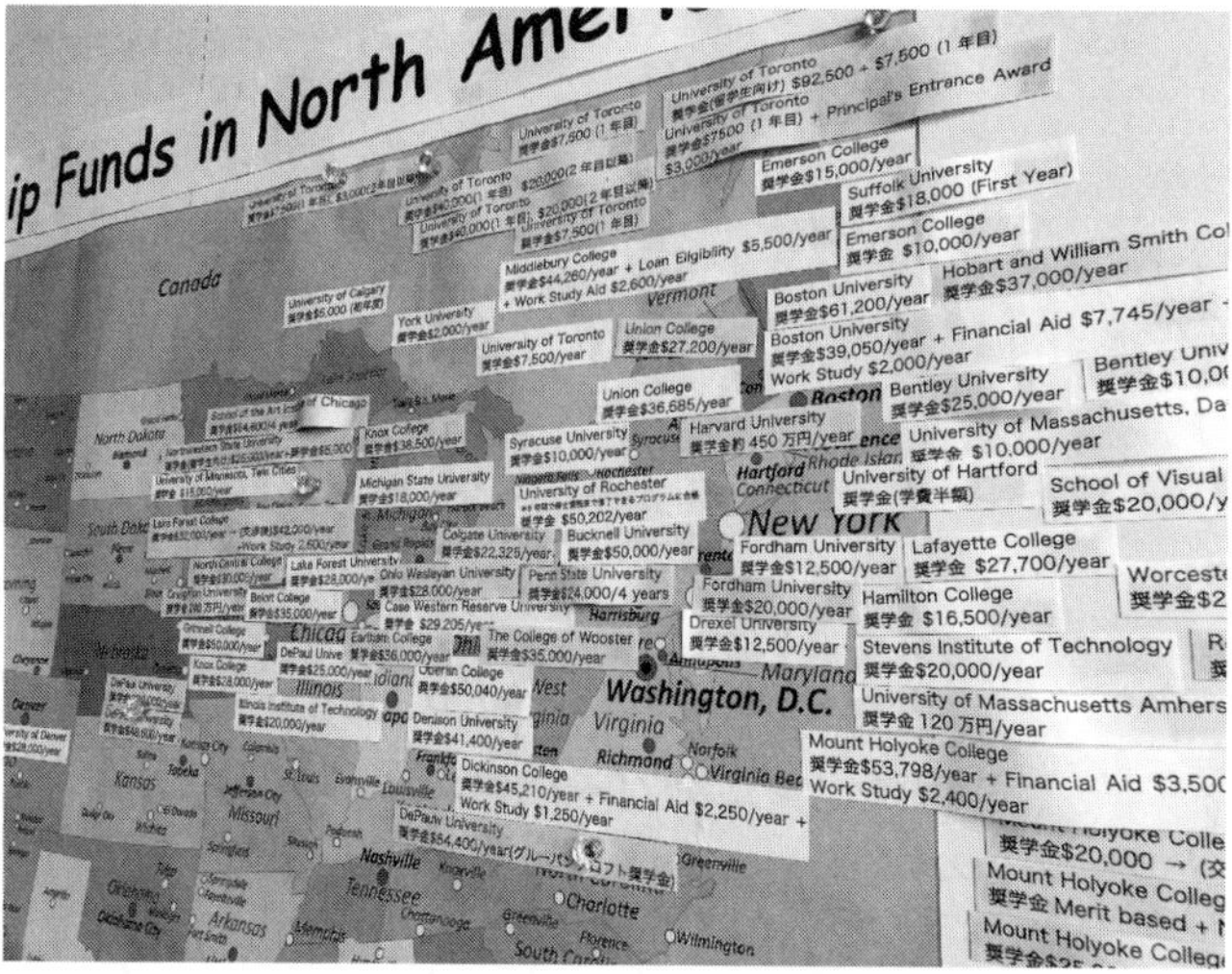

広尾学園の海外大学進学者が活用する奨学金一覧

そのため、広尾学園の校内には海外大学に進学した卒業生たちがどのような奨学金を活用しているのかが一目で分かる地図が掲示されています（上写真）。ざっと見ただけでも相当な数です。

広尾学園からは実際にどのくらいの海外大学合格者と進学者数がいるのでしょうか。

植松先生はこの点を具体的な数値を挙げて説明してくれました。

「二〇二二年度の海外大学合格者総数一八四名、二〇二一年度が二二二名とありますが、受験者実数は二〇二二年度が二五名、二〇二一年度が三四名です。帰国子女としてインターナショナルコースに入ってきた子がその多くを占めますね。

広尾学園の海外大学合格実績の推移
2010～2022年

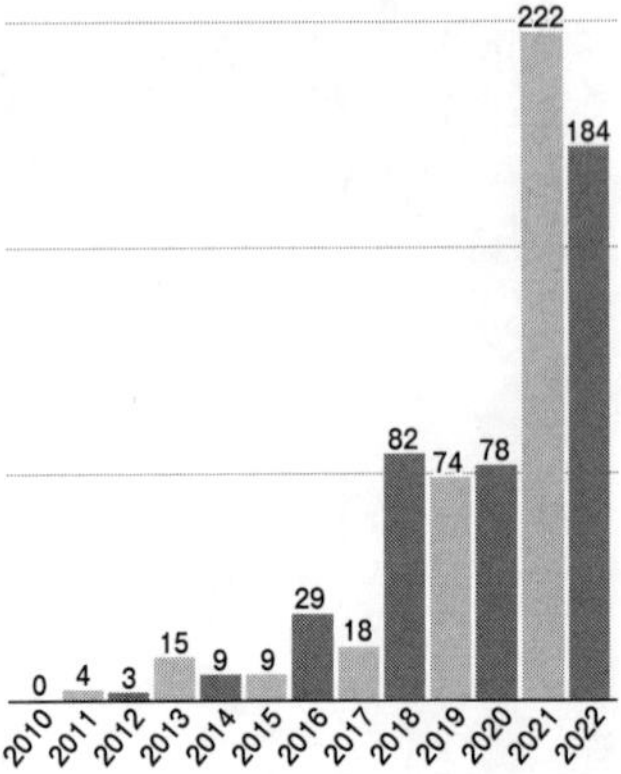

大半の生徒は四月から半年間だけ日本の大学に在籍し、秋から海外大学へ進学しています。そのまま海外大学で過ごす生徒もいますし、日本の大学へ戻ってくる生徒もいます」

広尾学園卒業生の海外大学進出の勢いが分かる二つの図表を見ると、その凄さに圧倒されるのではないでしょうか。

海外の道を考えたときに、此度のコロナ禍はその障壁になっていないのでしょうか。こう植松先生に尋ねてみました。

「コロナ禍や円安によって海外大学の志望者が減っていることはありませんね。最初から海外大学を考えている子が多いというのもありますし、当初は日本の大学を志望していたものの、海外大学での学びに関心を示してシフトする生徒もいます。

ただ、コロナ禍になってからは日本の大学と併願する生徒が増えました。コロナ禍の動向次第でオンライン対応がどうなるか不透明です。せっかく海外大学に合格したとしてもオンラインでしか学べないなら、高い学費を払ってそれでいいのか？　となるかもしれません。

広尾学園からは世界大学ランキング上位校にも入学

（網掛け）が2022年の広尾学園からの合格大学

順位	大学名	国
1位	オックスフォード大学	イギリス
2位	カリフォルニア工科大学	アメリカ
2位	ハーバード大学	アメリカ
4位	スタンフォード大学	アメリカ
5位	ケンブリッジ大学	イギリス
5位	マサチューセッツ工科大学	アメリカ
7位	プリンストン大学	アメリカ
8位	カリフォルニア大学バークレー校	アメリカ
9位	イェール大学	アメリカ
10位	シカゴ大学	アメリカ
11位	コロンビア大学	アメリカ
12位	インペリアル・カレッジ・ロンドン	イギリス
13位	ジョンズ・ホプキンス大学	アメリカ
13位	ペンシルベニア大学	アメリカ
15位	スイス連邦工科大学チューリッヒ校	スイス
16位	北京大学	中国
16位	清華大学	中国
18位	トロント大学	カナダ
18位	ユニバーシティ・カレッジ・ロンドン	イギリス
20位	カリフォルニア大学ロサンゼルス校	アメリカ
21位	シンガポール国立大学	シンガポール
22位	コーネル大学	アメリカ
23位	デューク大学	アメリカ
24位	ミシガン大学アナーバー校	アメリカ
24位	ノースウェスタン大学	アメリカ
26位	ニューヨーク大学	アメリカ
27位	ロンドン・スクール・オブ・エコノミクス・アンド・ポリティカル・サイエンス	イギリス
28位	カーネギーメロン大学	アメリカ
29位	ワシントン大学	アメリカ
30位	エディンバラ大学	スコットランド
30位	香港大学	香港
32位	ルートヴィヒ・マクシミリアン大学ミュンヘン	ドイツ
33位	メルボルン大学	オーストラリア
34位	カリフォルニア大学サンディエゴ校	アメリカ
35位	キングス・カレッジ・ロンドン	イギリス
35位	東京大学	日本
37位	ブリティッシュコロンビア大学	カナダ

日本の大学と併願しておけば、そういう場合でも考え直すことができますから」

海外大学の魅力

日本国内の大学にはない海外大学の魅力はどういうところにあるのでしょうか。植松先生は子どもたちそれぞれにマッチする選択肢が見出せる点にあると言います。入試内容にからめてこう説明してくれました。

「海外大学の入試ではリーダーシップを求めるところもあれば、そうでないところもあります。リベラルアーツを根本的に理解しているかを見ているところもありますし、総合大学であれば、どれだけ専門性を高めたいと考えているかを試すところもあります。
言い換えれば、海外大学の魅力はそこにあるのかなと思います。何千何万と存在する大学の中から、どの国のどの大学を選ぶのか。それぞれの大学の特徴をしっかり調べて、どの学部で学ぶのかを自分で決められる。自分の求めるものに従って、いろいろな進路が用意されているのです」

植松先生は海外大学を視野に入れたときの選択肢の多さに関連して、一人の生徒の事例を挙げます。

「たとえば、数年前に日本の大学を目指すとずっと言っていた生徒がいたのですが、その生徒はフィルムスタディーズ、映像学に関心があったのです。実際、彼女の制作した映像を学内で流すと、多くの人を惹きつける能力の持ち主でした。その彼女といろいろと話をしていたら、やはり大学進学にあたっても映像制作は外せないと語っていました」

一息ついて、植松先生がことばを継ぎます。

「ならばと、アメリカでフィルムスタディーズという学部がある大学を紹介しました。彼女の英語力を考えても堂々とやっていけるだろうと思えましたし、その後のインターンシップや就職活動、何よりその大学で出会える人たちを考えたときに、彼女の将来にとっても良いのではないか。そうアドバイスをした結果、彼女は奨学金制度を得てそこの大学へ進学しました。

この場合もそうですが、わたしたちに情報がなければ彼女はこういう機会を逸していたはずです。だから、海外大学の情報を生徒にきちんと伝えられるよう、高校の進路指導も変わらなければいけないと考えています」

生徒個人の特性を観察し、考えた結果としての海外大学進学なのです。そして、意外なことは植松先生自身が海外大学進学を絶対的に奨励しているわけではないという点です。

「これからの日本の高校生たちの卒業後の進路が大きく変化するかどうかは何とも言えないですね。やはり国内大学に進学する子たちが多いのでしょう。誰もかれもが海外大学を目指すのが良いとはわたしも思いません。向き不向きも、外的状況もありますからね。それでも、海外大学を含めるとより良い選択肢があるのに、それを知らないまま選択肢を狭めてしまっているのはもったいないことだと思います」

植松先生の話を聞いていて、わたしは一人の架空の海外大学志望者を想定した質問を投げてみました。

「海外で『英語と日本語の対照言語学』を学びたいという生徒がいたとしたら、中高でどんな経験を積むのが良いでしょうか。植松先生なら、どうアドバイスされますか？」

植松先生が即座に返答します。

「どうしてその分野に興味を持ったのかというストーリーをまず尋ねることから始めますね。生徒がその研究を通じてどのような社会貢献をしたいのかを聞き出すのです。そうすると、その生徒が言語そのものより、ディベートや交渉事に向いている、つまりビジネス的なコミュニケーション能力に長《た》けているなというようなことがわかります。こちらがそういう見極め方をしたら、コンサルティング会社のインターンを紹介するかもしれません。

また、相手が言っていることの『行間』を読むコミュニケーション能力を身につけたいと考えているとわかったら、プルデンシャル生命の営業の方がよくインターンをさせてくださるので、そこを勧めるかもしれません。あるいは、本当に言語そのものが好きであれば、イエール大学の講義を翻訳して配信するというボランティア活動を五〇名くらいでおこなっているところがあるのですが、その活動を勧めるかもしれませんね」

この広尾学園は村田女子（東京都文京区／女子校）と教育連携を結び、二〇二一年に村田女子は共学化するとともに、学校名称を「広尾学園小石川」としました。同校は広尾学園の伸長を知る保護者からの支持を集め、その入試は高倍率となり話題を呼びました。

植松先生によると、広尾学園小石川は、広尾学園以上にインターナショナルコース在籍生の割合が高く、海外大学進学に向けての環境はすでに十分整っているといいます。中学入学第一期生が大学受験を迎えるのはまだ先のことですが、どのような進路を辿る卒業生たちを輩出していくのでしょうか。

時代に即した教育実践

これからの子どもたちは激動の時代を生きることになりそうです。「日本」という一つの枠内で活動できる場は減少していくのかもしれません。確実に言えそうなことは、われわれ保護者世代の歩んだ世界とはまったく異なる風景を目にするということです。

第一章で「学校教育とは息の長い営みである」と申し上げました。いまこそ時代の趨勢を先取りした教育が不可欠になってきているということです。

そして、従来には存在しなかったような中高一貫校独自の取り組みが増えてきました。その内容は各校千差万別であり、これこそが私学が私学たるゆえんだと感じられます。

一冊の本にそのすべてをまとめられるわけはありませんから、ほんの数校ではありますが、それらの教育の一端を保護者の方々に紹介したいと思います。

大妻（東京都千代田区／女子校）で副校長を務める赤塚宏子先生は、生徒たち個人の興味を引き出し、結果として「自立と自律」の姿勢を持たせられるようにさまざまな実践をしているといいます。

「大妻は模擬国連に力を入れています。本校が首都圏を中心としたネットワークの中核的存在となって、夏と冬に本校主催の大会をおこなっています。この模擬国連には、これまで約三五校・約六〇〇名が参加しました。安全保障とかＳＤＧｓなどをテーマに扱っています。そこから派生して、中学一年生にも総合的な探究の時間に『国際理解教育』という講座があり、その中でミニ模擬国連をおこなっています。たとえば、『ＳＤＧｓ・お弁当作り』なんていう試みをおこない、内外から高い評価を頂戴しました」

大妻では在校生たちが将来社会で活躍するための礎《いしずえ》を築いていきたいという願いを強く持っています。

「社会とのつながりに関心のある子には、平日の放課後の時間を活用して、ＳＴＥＡＭ探究講座、医療系探究講座、起業家を呼んでアントレプレナーシップの講座を開催しています。中学一年生から高校三年生まで希望者は誰でも参加できます」

共立女子（東京都千代田区／女子校）の広報部主任・金井圭太郎先生は系列大学である共立女子大学との高大連携について話をしてくれました。

「高大連携については、共立女子大学に進学することが決まっている生徒は、高校三年生の二学期以降に大学の授業をいくつか履修できます。これは大学入学後、単位として認められます。夏期講座でも大学教員の方を招いて、看護学や食物学といった授業をおこなっています。また、大学の全学部でリーダーシップ開発に着手し始めているのですが、その内容を中学生向けにアレンジしたものを『探究』の授業に取り入れています」

加えて、共立女子では「読書教育」にも力を入れているといいます。本の街・神保町近くに校舎を構えていることも大きく関係しているのかもしれません。

「いまは工事中で営業再開を待つしかないのですが、三省堂書店本店とコラボして生徒が読んで面白いと感じた本のＰＯＰを作り、お店に置かせてもらっていました。これは毎年やっていましたね」

さらに、本の執筆者を直接学校に招くこともあるという。

「読書感想文コンクールなどはどの学校もやっていると思いますが、ウチはその課題図書の作家さんに直接来訪してもらって講演していただいています。こういう試みはほかの学校ではあまりやっていないのではないでしょうか。

生徒たちは本を事前にしっかり読みこんでいるので、質疑応答のときも『どうして作家になったのですか?』といった表面的な質問ではなく、その本の中身に踏み込んだ質問をどんどんしますね。そういう質問があると、作家さんも喜んでくださいます。自分の本を若い読者はこういうふうに読み込んでくれるのかと。昨年は小説家の椰月《やづき》美智子さんをお呼びしました」

東京都市大学等々力は在校生たちの日々のスケジュールをチェックして、個々の様子に気を配っているという。教頭の二瓶克文先生は言います。

「自己管理がしっかりできる子は学力的に伸びていきます。本校では『TQノート』という試みがあって、生徒たち各々が毎日のスケジュールを書き出して、それを教員たちが都度チェックしています」

森村学園は、どうすれば「グローバル人材」を育成するプログラムを用意できるかを考え抜いた結果、英語教育ではなく母語教育の大切さに行き着いたそうです。

教頭の小澤宗夫先生が母語教育の強化に至った過程を振り返ります。

「森村で『グローバル人材』を育成するためにどういう試みが必要なのだろうかと考えた結

果、英語教育で特徴を出すのではなく、まずは世界の人たちと対等に仲間になれて、議論ができるということが大切だろうという結論になりました。日本人は概してこういうことを不得手にしていると言われています。その原因は、世界の多くの人たちの受けているような『母語教育』が実は日本ではおこなわれていないからなのです。

そこで、世界の人たちの『母語教育』を調べた結果、行き着いたところが『ランゲージアーツ』というギリシア時代から存在する学問でした。世界に大きな影響を与えている国は、その学問をベースにした『母語教育』が盛んだったのです。日本でも同じような『母語教育』をおこなって、他者と議論するための方法論を学ぶ必要があるのではないかと強く感じました。そのために一二年前から『言語技術』という教科を導入しました」

森村学園では「言語技術」のほかにも、在校生たちに次のような仕掛けを用意しています。入試広報部長の浅沼藍先生は語ります。

「学校の中で多様性とか多文化を感じられるいろいろな仕掛けを二〜三年前から始めています。わざわざどこかへ出かけたり、誰かをゲストで呼んだりするようなことはせずとも、普通に学校生活を送る中で、それらを感じ取ってほしいからです。具体例を挙げると、放課後に『多言語・多文化講座』を実施したり、校内にさまざまな国の国旗や多言語による掲示物があったり、あるいはカフェテリアでは世界各国の料理が特別メニューで出されたり……」

ここで紹介した話はほんの一例にすぎませんが、私立中高一貫校がそれぞれの「色」を持っていることがお分かりになるのではないでしょうか。

わが子が中高の六年間でどんな「色」をまとってもらいたいのか。それが志望校選びの大きな軸になるのです。

協働イベントの活性化

これまで私立中高一貫校というのは独自性が際立てば際立つほど、それが魅力になる反面、「閉じた空間」と化してしまう傾向にありました。

まだまだそういう学校は数多く存在するのでしょうが、令和の時代になってから、その閉鎖性を薄めるための試みを講じる学校が少しずつ増えてきました。

それが端的に表れているのが、急速に増えている他校との協働イベント開催です。

前出の女子校・三輪田学園の教頭・湯原弘子先生が、男子校や共学校とのつながりについて教えてくれました。

「本校は二〇二〇年に制服を改定したときに、ジェンダーレス、多様性の観点から、スラックスを導入しました。それを聞きつけた本郷（東京都豊島区／男子校）の社会部（九一ページコラム参照）からお声がかかって、ぜひその改定や生徒たちの反応について聞かせてほしいと依頼を受けました。

また、女子のスラックス導入について悩んでいた成蹊（東京都武蔵野市／共学校）の生徒たちに加わってもらって、オンライン会議をおこなったこともあります。その場には上野千鶴子先生（東京大学名誉教授）も参加して白熱した議論になりました」

そして、このつながりはその場だけで終わらなかったと湯原先生は微笑みます。

「これがご縁で本郷の社会部から『かのや100チャレ』に一緒に参加しませんか、というお誘いを受けました」

「かのや100チャレ」とは、鹿児島県鹿屋市が主催する全国の中高生を対象にした政策アイデアコンテストのこと。鹿屋市が実際に抱える問題に対して、課題解決策を提案してもらい、その内容を競うというものです。

「本校の高校一年生全体に『夏休みの探求プロジェクトとして、みんなでこういう外部のコンテストや協働プロジェクトに参加してみよう』と呼びかけたところ、実に五チームが『かのや100チャレ』に出場しました。そのうち一チームは本郷との合同チームです。しかも、全国優勝となる最優秀賞に本校のチームが選ばれたのです」

そのほか、三輪田学園の合唱部は開成（東京都荒川区／男子校）と混声合唱をおこなったり、図書委員会は早稲田（東京都新宿区／男子校）とビブリオバトル（京都大学から広まった輪読会・読書会で「書評合戦」をゲーム形式でおこなうもの）を楽しんだりしています。

三輪田学園の他校とのつながりは中高だけではありません。すぐ隣が法政大学の市ヶ谷キャンパスということもあり、大学付属校ではないものの、いわゆる「高大連携」を実現させてきました。

その一つが法政大学との環境問題についての協働プロジェクトなどですが、二〇二二年九月二八日に両校の距離が一気に縮まるニュースリリースが発表されました。

三輪田学園は法政大学との高大連携に関する協定事業を拡充するとともに、協定校推薦枠を三〇名程度設けるとのことです。また、高校生が法政大学の授業を早期履修できる制度なども導入するそうです。

田園調布学園（東京都世田谷区／女子校）の入試広報部長の細野智之先生も他校との協働イベントについて、こう話します。

「先日は株式会社CURIO SCHOOLが運営するコンテスト『モノコトイノベーション』に逗子開成（神奈川県逗子市／男子校）や品川女子学院（東京都品川区／女子校）の生徒さんと一緒に参加しました。今年の文化祭でも、（前出の横浜にある男子校）浅野とコラボレーションすることを生徒会が企画しています。図書委員会も昔から他校と一緒に読書会をおこなっています」

他校とのつながりについて細野先生はその意義をこんなふうにまとめてくれました。

「私学ってどうしても内側だけにいると、人間関係が固定されがちです。だからこそ、他校とつながりを持つのはとても良いことだと思います」

揺れる「部活動問題」

いま、首都圏の私立中高一貫校に「部活動問題」が襲いかかっています。より厳密に申し上げると「部活動の顧問の配置問題」といえるでしょうか。

ある学校を取材しているときに、一人の先生がわたしに耳打ちするような感じで教えてくれたのです。

「二年前くらいから、私立中高に労基（労働基準法）関係の調査がどんどん入るようになりました。早めに調査が入った某私立中高一貫校の教員から話を聞くと、調査以降、その学校では部活動の運営が崩壊してしまったそうです。

部活動に教員が本格的に関わろうとすると、フレックスタイムを導入するなどして、勤務体系を大きく変えなければならない。たとえば、ある教員が日曜日の試合に顧問として付き添ったら、その勤務時間の六時間分なり七時間分を平日の勤務時間から削らなければならない。そうすると、授業の担い手がいなくなってしまう。頭の痛い話です」

この先生は続けます。

「授業に穴が空かないようにした結果、部活動の顧問がいなくなってしまうというケースがいくつかの学校で出始めているようです。だから、部活動の『外注』を始める学校が増えているのです。すでに専門の派遣会社もあって、ひっきりなしに営業電話がかかってきますよ」

部活動の「外注」とは、それまで教員が顧問を務めていたところを、外部の専門スタッフに任せるようにするということです。

「その道の専門家に指導してもらったほうが、わが子は熟達するのではないか」と期待する保護者がいるかもしれません。

しかしながら、部活動は学校教育の一部であるという考え方もあり、外部スタッフに一任することにためらいを感じる学校もあるようです。

本郷で入試広報部長を務める野村竜太先生もそう考える一人です。

「生徒には、勉強以外で何か熱中できるものを本郷で探そう、という話をしています。それが部活動であったり、生徒会活動であったりするわけです。勉強面と部活動ってつくづく繋がっているなぁと実感させられることがたびたびあります。ある生徒が部活動を楽しめるようになって生き生きとしてきたら、学業の面でも一気に成長する。そういうケースをこれまで何度も目にしてきました。何かに対して手応えを得る、自信が持てるって大切なことなのでしょう」

駒場東邦の中学教頭・田子久弥先生も同じようなことを口にします。

「昨今の部活動問題では、泊まりがけの行事に顧問が参加しなければならず、その影響で顧問の数が少なくなっているという面はあります。最近は、指導者の外部委託も考えたほうが良いのではないかという声が上がっているのも事実です。しかし、部活動も学校の一部ですからね。外部委託に対して反対する教員もいます」

一方、一連の問題が部活動運営にあまり影響しないという学校もたくさんあります。ひょっとすると学校教員の勤務体系に依るところが大きいのかもしれません。

成城の入試広報室長・中島裕幸先生は言います。

「本校は部活動において、労働基準法上の問題の影響はほとんど受けていません。一部のクラブではコーチという形でOBなどを受け入れている場合がありますが、基本的には教員が顧問についています。学校の勉強とクラブ活動は、子どもたちの成長に深く関係している部分が多いと思いますから」

また、部活動の時間が限定されている学校も変わらない運営ができているようです。

三輪田学園の校長・塩見牧雄先生も、顧問の外注化に頼ることなく部活動はおこなえると話します。

「顧問は基本的に学校の教員がおこないます。ただし、華道とか茶道などの一部のクラブについては専門の先生をお呼びしています。これは数十年前からそうです。

クラブ活動というのは生徒の心を育む面を担っています。だからこそ責任を持って学校の教員が中心となって見ていきたい。本校は勉強との両立をはかってほしいと考えていて、クラブ活動は週四回です。活動時間も一七時半までと取り決めがありますから、いわゆる労基法の問題の影響をあまり受けていません」

学校の先生方の労働時間は、法律で守られるべきだとわたしは考えています。その一方で、部活動の顧問を学校教員が務めるべきなのか、外注して学校とは無関係の専門スタッフに依頼すべきか、これはなかなか難しい問題であるとも感じています。

最近はこの点を気にする保護者が確実に増えていて、「部活動の顧問はどういう立場の人間が担っているのか」と尋ねられたという話を複数の学校の先生方から聞いています。ある先生は「その質問からは、教員が自ら部活動に携わってほしいという保護者の願望が透けて見える」と語っていました。

提案というわけではありませんが、わたしは部活動の顧問を教員がおこないつつ、適切な労働時間を担保するやり方があると考えています。

先に挙げた「他校との協働イベント」がそのヒントになるのではないでしょうか。

つまり、一人の教員が複数の学校の「同種の部活動」の顧問になるという方法です。たとえば、近隣にある複数の学校の「生物部」の生徒たちが一堂に会して、その場所を提供する学校の教員が顧問として全員を受け持つという方法です。

高校野球における「合同チーム」と似ているかもしれません。野球部の部員数が九人に満たない学校同士が手を組み、一つのチームとして大会に出場することがありますよね。その手法をいろいろな部活動に取り入れるのです。

在校生たちにとっても、他校の生徒たちと触れ合う時間が定期的に訪れるわけですから、人間関係の輪が広がり、互いに良い刺激があるように思います。

令和の中高一貫校の新たなスタイルの一つとして、他校との「つながり」というのがこれからのキーワードになっていくのかもしれません。

【学校訪問その三　東京都市大学等々力】失敗恐れず実験、実験！

「アクティブ・ラーニング」という表現が教育現場に入りこんだのはいつのことだろう。教員が講義形式で一方的に教えるのではなく、グループワークやディスカッションを導入するなどして生徒たちが主体的に、仲間と協働作業をしながらその学びを深める手法を指すとされている。

「アクティブ・ラーニング」は直訳すると「能動的な学び」となる。しかし、そもそも双方向型授業を展開しないとその姿勢は得られないのだろうか。あるいは、「学び」とはどんな形であれそもそも能動的なものではないのか。この表現を耳にするたびにモヤモヤしていた。

今回わたしは、東京都世田谷区にある共学校「東京都市大学等々力中学校・高等学校」を訪れた。ここでそのモヤモヤが晴れるような思いに至った。

同校の文化祭には在校生保護者や卒業生だけでなく、毎年中学受験生たちが大挙してやってくる。そして、彼ら彼女たちに大人気の展示があるという。

教頭の二瓶克文先生は胸を張る。

「文化祭ではこの廊下に中学受験生たちの長蛇の列ができます」

同校の第二校舎の一階。ここは「生物室」「化学室」「物理室」とフロアすべてが理科の教室で占められている。廊下側には大きな窓があり、そのスペースを利用してさまざまなものが陳列されている。そう、人気を博しているのは理科部の展示だ。

目を引くのはなんといっても昆虫や動物の標本類。クジラやイルカの骨格標本や熊の剝製などがずらりと並べられている。これは理科部の部員たちが丹精込めて作り上げたものだという。ほかにも、さまざまな用途の理科実験器具が目に飛び込んでくる。

これらの展示、そして、ワンフロアすべてが理科教育設備であるという点から、同校は理科教育に力を入れていることが分かる。

二年で約一〇〇テーマの理科実験

二瓶先生は言う。

「二〇一四年度に実験を主体とした理科教育プログラムを導入しました。中一と中二の授業はすべて実験室で班ごとにおこなわれていて、第一分野・第二分野それぞれで一〇〇テーマにも及ぶ実験に取り組むのですよ」

なぜ、同校では実験主体の授業にしているのだろうか。

理科教諭の大谷順二先生は語る。

「いろいろな学校の教員たちと交流する中で、『実体験』に乏しい子たちが年々増えているのではないかという声がよくあがっていました。だから、ペーパー上で学ぶだけの理科に興味を持てない子が多いのだろうと。せっかくなら子どもたちも教員も理科を楽しみたい。それならば、思い切って実験ばかりの授業スタイルに切り替えてはどうかと提案したのです。そのためには人材や道具、そして、実験室などが必要不可欠ですが、学校側が惜しみなくその環境を整えてくれたのです」

同じく理科教諭の平山瑛一先生は苦笑しながらこんなエピソードを話してくれた。

「わたしが顧問を務めている理科部の合宿で泊まり込んだ時、『食事を自分で用意する』という課題を与えたら、『器を忘れてしまった』という子がいました。そこでプラスチックの器を貸したら、それをそのままガスコンロの上に載せて、火にかけようとしていたんです（笑）。この手の『実体験に乏しい子』は年々増えているように感じます」

女子校・東横学園からの大変身

東京都市大学等々力の沿革について軽く触れておこう。

同校を経営する学校法人「五島育英会」の創設者は、東京急行電鉄創業者でもある五島慶太氏。同校は東急グループに属している。

同校の前身は「東横学園」という女子校。進学校化の改革の遅れなどが理由で、二〇〇〇年代に入ったころから生徒募集に苦戦し始め、一学年一クラスにせざるを得ないときもあったという。

五島慶太氏の没後五〇年という節目を迎えた〇九年、五島育英会が運営する武蔵工業大学の名称を「東京都市大学」に変更。それに伴い、グループ内の幼稚園から高校すべてに「東京都市大学」の名が冠された。そして、この機に「東横学園」は「東京都市大学等々力」と名称変更するだけではなく、共学化に舵を切り、また、入試制度や中高一貫の教育内容についても抜本的な改革をおこなった。その結果、いまや人気校の一角に躍り出たのだ。

たとえば、大学合格実績に目を向けてみよう。一〇年度の東横学園時代、卒業生五八人に対し、国公立大学には二人、早慶上理に一人、ＧＭＡＲＣＨに四人という現役合格者数だった。それが一〇年後の二〇年度の東京都市大学等々力は、卒業生一七二人に対し、国公立大学三九人、早慶上理七三人、ＧＭＡＲＣＨに一五七人という現役合格者を出した。

もちろん、大学合格実績は学校教育成果のほんの一端に過ぎない。それでも、同校の教育改革が一定の効果を上げていることの証だろう。なお、雑誌「AERA」(二〇二〇年八月三一日号)の特集「171高校の現役進学力ランキング　旧帝・早慶上理・MARCH・関関同立に強い真の実力校」では、東京理科大学への現役進学ランキング第一位が同校であった。これは同校の理科教育の充実と無縁のものでは決してないだろう。

失敗することが醍醐味

話を戻そう。大谷先生と平山先生が異口同音に言うのは、子どもたちは中学受験勉強を経て理科の基礎知識は身につけているが、それを「実体験」にすぐさま取り込むことは難しいということ。だからこそ、実験は「失敗続き」になるらしい。

「みんなペーパー上では実験器具の知識を身につけています。でも、実際に触ってみると操作に手こずる子たちばかりですよ。でも、大怪我しなければ失敗はいくらしてもよいとわたしは思います」(平山先生)

大谷先生もこう言い添えた。

「物が壊れるくらいの失敗なら、わたしはあえて放っておきますよ。失敗して気づくこともありますし。痛い目を見たからこそ、実験が成功する喜びが味わえますよね」

今年はコロナ禍の影響でライブの実験は思うようにできていない。そこで、数多くの

「理科実験動画」を撮りため、子どもたちが何度もそれを見返せるように工夫をしているという。

　しかし、実験ばかりで子どもたちの理科の学力に支障はないのだろうか。保護者からは大学入試に直結した指導を望む声も出てきそうだが……。

「理科の興味や関心は高まりましたね。授業は実験をするだけではありません。生徒たちに『実験ノート』を作らせて、データに基づいた実験過程などを書かせます。これは今後の大学入試が受験生に求めている能力と合致しています。結論を導き出す過程をしっかり考察することで、論理性のみならず知識も自然と身につきますしね」（平山先生）

　同校の理科教育プログラムの特色は実験だけではない。系列の東京都市大学の研究者と交流したり、生徒たちが系列の幼稚園（二子幼稚園）に出向き、理科実験教室の手伝いをしたりするユニークな試みもある。さらに、希望者対象のフィールドワークを積極的に開催していて、植物観察やその調査、野川の生物調査、地学巡検、博物館研修など多彩なプログラムも用意されている。

　大谷先生は実験や体験を通じて理科の楽しさを堪能することが大切だと語る。

「大学入試対策は高校二年生と三年生の二年で一気にやれば間に合います。わたしはその時期を迎える前に理科ってとても楽しいというのを実感してほしいと考えています。そのような思いを持った子どもたちは積極的に学ぶようになりますから」

真のアクティブ・ラーニングとはこういうことを指すのだとわたしは合点がいった。学ぶことそれ自体を楽しいと思えるからこそ、自ら物事を知ろうという積極性が生まれるのだ。

（二〇二〇年九月一四日配信）

【学校訪問その四　本郷】学生起業家を多数輩出する「社会部」の秘密

東京都豊島区駒込にある中高一貫の男子校「本郷」。近年は進学校としての実力だけでなく、ラグビー部が二年連続で花園（全国高等学校ラグビーフットボール大会）の切符を獲得するなど「文武両道」を実現していることでも知られている。

この本郷に、凄い成果を出している部活動がある。

その名は「社会部」。ビジネスアイデアコンテストなどに出場したり、被災地や地方自治体へ訪問したり、各種講演会に参加したりなどして、社会的な諸問題やその解決法について深く考える機会を持つ。

この社会部の二〇一七〜一九年度の活動実績に目を向けてみよう。たとえば、「SIR（Social Innovation Relay）コンテスト」国内大会優勝・世界大会進出、「観光甲子園（キヤノン部門）」全国大会優勝、「AIC（Asia Innovation Challenge）」国際大会優勝、「ITC（International Trade Challenge）」シンガポール国際大会進出、「Digital Leadership DoReMi」ソウル国際大会第二位など……。多彩な分野で圧倒的な活動実績を誇っていることが分かるだろう。

この部活動を通じてどんな子どもたちを輩出しているのだろう。そして、この活動を牽引する顧問はどんな人物で、どのような思いで子どもたちを指導しているのだろうか。わたしはさっそく同校を訪問した。

「劣モジュラ関数」プレゼン

「では、研究発表をおこないます」

プロジェクタから映し出される画面を前に話し始めたのは、高校二年生の男の子。

眼前の画面には「劣モジュラ関数と社会課題」と大きくタイトルが表示されていて、その下に研究目的が表示されている。「情報科学あるいは数理科学的な知見やアプローチが社会課題の解決にどのように関与することができるか検証する」とある。

頭の中が疑問符でいっぱいになったわたしだが、彼はそのあと黒板にチョークでラーメン屋のメニューを具体例として挙げながら、劣モジュラ関数の性質について流暢に説明を始めた。

なるほど、劣モジュラ関数を利用すれば、「正解のない」さまざまな諸問題について、限りなく最適解となるその「近似値」が算出できるらしい。

彼はこの劣モジュラ関数をアフリカの「井戸掘り問題」に活用する術《すべ》を熱く語った。なかなか見事なプレゼンテーションである。

彼が話し終わるや否や、教室の真ん中に座っているひとりの女性の大きな声が響いた。

「この劣モジュラ関数ってさ、婚活サイトなどのマッチングアプリに応用したら面白くない？　君たちのような男子高校生が彼女を見つけるのに役立つかもよ！」

すかさず、研究発表に聴き入っていた別の男子生徒が突っ込みを入れる。

「先生！　マッチングアプリは確か一八禁だったはずです！」

約二〇人の男子生徒たちのいる教室が笑いに包まれた。

そう、ここが社会部の活動現場である。

そして、先の大声の主こそ、この社会部の男子生徒たちを率いる松尾弥生先生だ。彼女は公民、倫理、政治経済の授業を中高で担当している。

生徒たちの要望で誕生

伝統ある部活動と思いきやそうではない。二〇一一年に生徒たちからの要望があり、翌一二年に成立したのだという。

現在エンジニアとして企業に勤める井上義之さん（二三歳）は社会部一期生だ。

「二〇一一年の東日本大震災の直後、わたしたちが中学三年生に進級したタイミングのことでした。その震災によるさまざまな影響について涙を流しながら熱い授業をしているのが松尾先生でした」

そのことばにうなずくのは同じく一期生で現在は教育系企業に勤める田島圭佑さん（二三歳）。彼は井上さんの発言をこう引き継ぐ。

「当時、震災をはじめ世の中が大変な状況になっている中、自分はこのまま勉強するだけでよいのかという疑問を抱いたのです。松尾先生の公民の授業は教科書に留まらない社会的課題を考えさせられるもので大変に刺激を受けました。そこで、同級生たちの何人かが集まって、松尾先生にお願いした結果、『社会部』が誕生したのです」

他人の靴を履ける人間になれ

松尾先生はどのような思いでこの社会部に携わっているのだろうか。

「社会部で活動して、世の中の仕組みを学んだ子たちは、率直に言って『稼げる子』になりますよ。卒業生たちは名だたる企業に就職していますしね。でも、そんなことが目的ではない。彼らがそれを世にどう還元していくかが大切です。わたしはこの社会部の活動を通じて『他人の靴を履《は》ける』人間になってほしいと考えています」

「他人の靴を履ける」人間とはどういうことだろうか。松尾先生は続ける。

「つまり、他者に共感できる力を培《つちか》うということです。その能力があればどこに行こうが人々から求められる人間になると思います。ですから、わたしが社会部で許さないのは『差別と偏見』です。人種、性に関することなど……。もし彼らに差別的な言動が見られれば、わたしはボコボコに叱りつけるよと伝えています。これだけが社会部のルールです」

社会部の卒業生は、松尾先生のこの思いを汲み取っている。

先に紹介した田島さんは、本業に励む傍ら「こども食堂」の運営に携わっているという。大学時代にこの運営団体を立ち上げた。

「社会部として活動していく中で、人間にとってのコミュニティの大切さなどを考えさせられました。この部活動の経験がなければ、こども食堂に関わることはなかったでしょうね」

その他、社会部出身の卒業生たちは、学生時代にＮＰＯを立ち上げたり、起業したりとそれぞれの社会的使命を持って活動している人が多い。中には学生でありながら、エンジェル（投資家）として世界を股にかけて活躍している人材も輩出しているという。

「見えない」を「見える」にする

松尾先生は語る。

「わたしが倫理学を教えるときに子どもたちに必ず伝えることがあります。それは、この世界を支えているのは、目に見えないものであるということ。たとえば、憲法も条約も紙に書かれているけれど、それらは実体のないものですよね。わたしたちの世界にはいろんな『目に見えないもの』がケーブルのように張り巡らされています。その『見えないもの』を『見える』ようにすることが教育である。わたしはそう思っています」

わたしは「意識高い系」という表現があまり好きではない。社会的な諸問題に対してアンテナを張っている人たちを揶揄《やゆ》するようなニュアンスが含まれているからだろう。しかし、今回の取材で感じ入ったのは、ひとりの顧問のもとに集《つど》う男子生徒たちの「意識の高さ」である。それは、彼らが社会部の活動を通じて、松尾先生のことばに耳を傾け、それまで意識しなかった目に見えない問題が少しずつ見えてきたからこそ生まれたにちがいない。

本郷の社会部の活動の幅は拡大の一途を辿《たど》ることだろう。どのような傑物を輩出していくのか。これからも注目である。

（二〇二〇年一〇月一二日配信）

第三章　男女別学、共学という選択

【この章のポイント】
●男女別学のほうが伸びる子の特徴
●理系に進みたい女子の選択肢
●共学のほうが「いじめ」は起きづらい？

志望校を簡単にしぼりこむ方法

東京都内にはどれくらいの私立中学校が存在しているかご存じでしょうか。一八二校です。こんなことを聞くと、「わが子の志望校はどこが良いのか。それを見つけ出すだけでもかなり労力を要するのではないか」と身構える方がいるでしょう。

そうではないのです。学校をいくつかの形態別に分類していくと、ご家庭の希望に合う学校を数校～十数校にすぐしぼりこむことができます。

では、その尺度、形態を見ていきましょう。

①生徒構成形態……「共学校」「男子校」「女子校」
②学校組織形態……「進学校」「大学付属校」「半付属校」

①の分類は一目瞭然ですが、②の分類については少し説明が必要でしょう。本書の定義は次の通りです。

「進学校」とは系列の大学が存在せず、大学受験を前提とする学校のことです。「大学付属校」は系列の大学が設置されていて、そこへ進学する卒業生が六割を超える学校を指し、

「半付属校」とは系列大学があるものの、在校生たちの多くは他大学を目指していて、系列大学への進学率が六割未満の学校のことです。

この①・②のフィルターをご家庭の志向に合わせて通すのです。たとえば、「男子校＋進学校」、「共学校＋半付属校」といったように……。そうすると、学校がしぼられるというわけです。

それ以外にも、「自宅からの通学時間」、「系列小学校の有無」、「希望する部活動の有無」、「比較的自由な校風か、あるいは管理型の学校か」など、細かなフィルターが数多く存在します。

そして、志望校選びでは何と言ってもお子さんの「学力レベル」が大きく関係してきます。たとえば、小学校六年生の秋に受験した数回の模擬試験の四科平均偏差値によって、志望できる学校群のレンジが変わってくるのです。

首都圏の主要な私立中高一貫校を「生徒構成形態」「学校組織形態」に区分した一覧を次ページに表にして示しましたので、参考にしてください。

「男女別学教育」の役割

全国レベルで見ると、男女別学校は「希少種」と形容しても過言ではありません。文部科

「生徒構成形態」「学校組織形態」に区分した首都圏の私立主要校一覧

	男子校	女子校	共学校
進学校	浅野・麻布・足立学園・栄光学園・海城・開成・暁星・攻玉社・駒場東邦・サレジオ学院・芝・城北・巣鴨・逗子開成・聖光学院・成城・世田谷学園・高輪・桐朋・獨協・東京都市大付・本郷・武蔵	浦和明の星女子・桜蔭・鷗友学園女子・大妻・鎌倉女学院・吉祥女子・晃華学園・頌栄女子学院・女子学院・白百合学園・洗足学園・田園調布学園・東京女学館・東洋英和女学院・豊島岡女子学園・フェリス女学院・富士見・雙葉・普連土学園・横浜共立学園・横浜雙葉	市川・渋谷教育学園渋谷・渋谷教育学園幕張・桐蔭学園・東京都市大等々力・東京農業大第一・桐光学園・東邦大東邦・広尾学園・森村学園・山手学院
付属校	学習院・慶應義塾普通部・日大豊山・明治大中野・立教池袋・立教新座・早大学院	香蘭女学校・女子美術大付・日本女子大附	青山学院・慶應義塾中等部・慶應義塾湘南藤沢・成城学園・中央大学附・中央大横浜・日大一・法政大学・法政大第二・明治大明治・明治大中野八王子・早稲田実業
半付属校	早稲田	跡見学園・大妻中野・学習院女子・共立女子・実践女子学園・昭和女子大附昭和・清泉女学院・立教女学院	神奈川大附属・國學院久我山・成蹊・専修大松戸・獨協埼玉・東洋大京北・日本大学・日大二・日大三・明治学院

※高校募集のみの学校は省いている。
※系列大学への現役進学率が60%以上を「付属校」、60%未満を「半付属校」としている。
※また、系列大学が存在するが、そこへの現役進学率が10%未満の場合は「進学校」にカウントしている。(2020年度の現役進学率データに基づいている)

学省の学校基本調査（二〇二一年）によると全国に四八五六校存在する高等学校のうち、「男のみの学校（男子校）」は九八校（二・〇二％）、「女のみの学校（女子校）」は二八一校（五・七九％）しかありません。すなわち、男女別学校は一〇校に一校もないのです。

それでも、東京都にある私立中学校に焦点を当てるといささかその様相が変わってきます。東京都に限定すると、男女別学校の占める割合が全国と比較して高いのです。

具体的なデータを示してみましょう。

東京都生活文化スポーツ局のサイト（二〇二一年九月時点）によると、生徒を募集する東京都の私立中学校一八二校のうち、男子校は三一校（一七・〇％）、女子校は六六校（三六・三％）となっています。

今後、これらの男女別学校の数はどう変化していくのでしょうか。

その答えは第二章ですでに言及しています。そうです。男女別学校が続々と共学化しているのです。

「男女共同参画社会」が叫ばれて久しい日本ですが、男女別学校の教育はいまの時代にそぐわなくなっているのでしょうか。

実際、わたしが小学生の保護者と面談をしていると、次のような理由を挙げて、男女別学をわが子の志望校から外し、共学校を強く希望されるご家庭が多いのです。

「社会は男女で構成されているのだから、多感な中高時代は男女が同じ学び舎で過ごすのが健全なのではないだろうか」

「別学で六年間も学校生活を送ってしまうと、異性との接し方が分からなくなってしまうのではないか。あるいは、ゆがんだジェンダー意識が醸成されてしまうのではないか」

「LGBTQの人たちの存在など、いまの時代は性差にとらわれない見方が大切になっているのだから、男女別学はもはや時代遅れではないか」

どの意見も一理あります。しかしながら、しょせん「一理」しかないという見方もできるのです。

世界に目を向けると、たとえば、アメリカ、イギリス、韓国、シンガポール、オーストラリア、ニュージーランドなどの国では、男女別学教育のほうが在校生たちの「学力」を伸長させやすいというデータが出ています。実際、アメリカでは共学教育から男女別学教育へとシフトする流れがあると耳にします。

男女では五感、すなわち、視覚・聴覚・嗅覚・味覚・触覚（皮膚感覚）に相当な差があるというデータがあります。また、女性は左右の大脳半球間で頻繁に情報交換がおこなわれているが、男性はそうでもないという分析もされています。

いま挙げたのは一例に過ぎませんが、いずれにせよ、男女にはそれぞれの特性があり、それに応じた教育が効果を発揮すると見られているのです。

男女の特性に合わせた教育

前出の女子校・田園調布学園は理系を選択する生徒が増えていて、その割合は約四五％に上ります。中学受験塾講師のわたしからすると、同校は理系に強い受験生が目指す学校ではなく、どちらかと言えば文系寄りの子どもたちが入学する傾向にある学校と感じられるのにです。

細野智之先生は女子校だからこそ、このような結果を残せていると胸を張ります。

「小学校のときまでは算数や理科があまり得意でなかった子たちの苦手意識を中学校一年生・二年生でリセットできるよう、わたしたちは努めています。興味関心が向くような授業を展開したり、実験などをおこなったりして、理系科目に自信を持たせたいと考えています。

抽象的なものを具体的にどうイメージさせるかというのがポイントで、たとえば理科では毎週実験をします。実験をしてからその単元の学習をすれば、よりイメージがしやすくなりますから。あるいは、数学では実際に立体図形の模型を作ってから、その学習をおこなうようにしています」

細野先生のことばに「抽象的なものを具体的にどうイメージさせるか」というものが登場しましたが、これこそ女子の特性を顧慮した指導の一例になるのでしょう。

細野先生はこうも言います。

「中学一年生・二年生くらいの男子は、自分が数学や理科が得意なことをアピールしがちです。共学校だとそれに対して引け目を感じてしまう女子もいるのではないかと思うのです。その点、女子校という空間では『苦手でも、みんなでがんばって学ぼうよ』という空気があります。苦手な子は苦手なままで良いという雰囲気ではなく、得意な子が苦手な子に教えるような光景がよく見られます。これは女子校特有のものかもしれません」

この話を聞いて、わたしは「医学部医学科現役合格率ランキング」の上位に女子校が複数登場している理由に思い至ったのです。

「女子だから理系に弱い」という見方は偏見で、男子が同じ学び舎にいると、理系が苦手な女子を生みやすい土壌が形成されてしまうのかもしれません。

それでは、男子校はどうなのでしょうか。女子校同様、男子の特性に合わせた教育のほうが学力を高めやすいのでしょうか。

本郷の入試広報部長・野村竜太先生は男子生徒たちの「連帯」について、嬉しそうに具体

2022年度・医学部医学科現役合格率ランキング

順位	学校名	形態	卒業生数	現役合格数	現役合格率
1	北嶺	私立男子校	119	58	48.74%
2	暁星	私立男子校	157	69	43.95%
3	豊島岡女子学園	私立女子校	339	136	40.12%
4	桜蔭	私立女子校	228	76	33.33%
5	聖光学院	私立男子校	228	70	30.70%
6	白百合学園	私立女子校	164	48	29.27%
7	雙葉	私立女子校	175	48	27.43%
8	巣鴨	私立男子校	266	68	25.56%
9	都立日比谷	公立共学校	322	81	25.16%
10	県立高田	公立共学校	180	43	23.89%
11	横浜雙葉	私立女子校	176	42	23.86%
12	渋谷教育学園幕張	私立共学校	349	81	23.21%
13	滝	私立共学校	325	75	23.08%
14	駒場東邦	私立男子校	226	50	22.12%
15	東邦大東邦	私立共学校	293	64	21.84%
16	灘	私立男子校	221	48	21.72%
17	甲陽学院	私立男子校	201	43	21.39%
18	片山学園	私立共学校	95	20	21.05%
19	青雲	私立共学校	214	44	20.56%
20	広尾学園	私立共学校	277	54	19.49%

（教育ポータルサイト「インターエデュ」のデータを加工）

的なエピソードを挙げて話をしてくれました。

「本校ではテスト前に友人同士で教え合っている光景がよく見られます。それを傍から見ていると、『他人の順位が上がると、自分の順位が下がってしまうのではないか』と思わないこともないのですが（笑）。男子の仲間意識は高いように感じます。『みんなで何とかテストをクリアしようぜ』といった雰囲気が感じられます。男子だけいる空間のほうが要らぬ駆け引きなどあまりないように思います」

前著『令和の中学受験　保護者のための参考書』でわたしは次のような創作を盛り込んで男子校の意義について言及しました。

〈「昆虫マニア」の男の子がいます。彼は幼少期から昆虫採集を続け、小学生ながら専門書にも目を通すほど熱中していました。中学受験をしたのは、応用昆虫学を国立大学で学んで、それに関連する職に就きたいと夢を見ていたからです。そのため国立大学の理系分野に多くの合格者を輩出する私立中高一貫校に入りたいと望んだのです。

彼は無事に第一志望校に入りました。この学校は共学校でした。

中学生の最初のころは、クラスメイトの男の子たちと昆虫話に花を咲かせていました。ところが、あるとき、虫が苦手な女子生徒たちからの冷たい視線に彼は気づくことになります。その中には彼が密かに思い焦がれていた女の子がいたのです。彼が昆虫の話を周囲にすることはなくなりました。これは学校内に限った話ではありません。彼の自宅の書棚に陳列されていた昆虫図鑑はいつの間にか埃《ほこり》を被っていました……。〉

聖光学院の中学入試委員長・國嶋応輔先生からこれに似た話を聞きました。

「男女平等の教育も大切だとは思うのですが、言い換えれば、共学校は『気を遣う』場であるということです。思春期の男子が気を遣わずに安心できる場があっても良いのではないかと思います。

そもそも男子校を選んでくる時点で、ほとんどの子が小学生時代に女の子のことを苦手だなあと思っているのです。たとえば、歴史のオタクがいるとしましょう。でも、その趣味が中学生や高校生の女の子たちに好印象を与えるかというと……ひょっとしたら気を遣わなければならない趣味かもしれない（笑）。

わたしは、そういう趣味に打ち込む思春期というのも大事だと思います。でも、共学校の中学生なら、陽キャの男子が女子の人気を集めたり、サッカー部やバスケ部がモテたりしますよね。そういうところから自由でいたいという子は、ひょっとすると男子校に向いているのかもしれません」

周囲を気にせずオタクになれるというのは、何も男子校に限定した話ではありません。

普連土《ふれんど》学園（東京都港区／女子校、一一五ページコラム参照）の広報部長・池田雄史先生から理科部の活動を伺った際、こんなことを口にしていました。

「本校の理科部のロケット班は二〇一九年から三年連続で日本の大会で優勝しています。つい先日（二〇二二年七月）は、世界大会がイギリスでおこなわれて、参加国は四ヵ国と少ないながら普連土学園が優勝、世界一になることもできました」

池田先生はこうことばを継ぎます。

「わたしが印象に残っているのは、二〇一九年にフランスで開催された世界大会で生徒たちがインタビュアーの方から『どうしてロケットに取り組もうと思ったのですか？』と尋ねられたときのことです。あるひとりの生徒が『女子校だったから』と返答したのですね。その真意を問われると『男子がいたら、ロケットに夢中になっている自分はいかにもモテなそうだなぁ、なんて考えちゃうと思うんです』って答えていました（笑）。

それを聞いて、確かに共学校だったらロケットに興じるのは男子が大半でしょうし、そこに女子は入りづらいのではないかと思ったのです」

オタクが安心してオタクになれる。これはとことん何かに打ち込むことのできる環境であるということです。言い換えれば、勉強に一意専心しやすい側面が男女別学校にはあるのかもしれません。
たとえば、二〇二二年度の東京大学合格者数トップ二〇にランクインした学校のうち、男女別学校は一二校と六割を占めているのです。全国的に見ると男女別学校は一〇校に一校もないのですから、これは驚異的な結果と言えるのではないでしょうか。

性別を「意識」しない中高生活

男女別学出身者に特徴的なものとして、わたしは次のようなことを感じています。大人になっても仲良くしている人間関係の中心が中高時代の同級生たちという場合、その人は男女別学出身者である可能性が高い。

実際、男女別学出身者たちに話を聞くと、当時の学内の人間模様は互いに遠慮なく付き合う「濃さ」があるように感じていたそうです。だからこそ、大人になってもその関係性を継続できる友人が生まれやすいのでしょう。わたしはそう睨《にら》んでいます。

大妻の副校長・赤塚宏子先生は、「性差の解放」という表現を用いて、女子校の意義について説明してくれました。

「共学の場合、相当意識していないと、社会で言うところの性別的役割が意識的、無意識的に出てきてしまいます。これが女子校だとそんなことはありません。性差から解放される六年間をのびのび過ごしてもらいたいと望んでいます」

三輪田学園の校長・塩見牧雄先生は、別学だからこそジェンダーギャップを感じずに過ごせるのではないかと語ります。

「わたしはかつて新聞部の顧問を長く務めており、三輪田学園を会場に新聞関係の講習会などを何度か開催しました。そこには共学校を含む、いろいろな学校の新聞部の生徒たちが集まります。

生徒たちの様子を見ていると、共学校の生徒は『はい、女子生徒は受付をやって、男子生徒は机を並べて、椅子運んで』などと指示が出る。それに対し、本校は女子校ですから両方やるのが当然です。わたしたち大人が無意識のうちに学校内に入りこませてしまうジェンダーギャップがあり、それが学校生活を通して、拡大再生産されてしまう可能性もある。そのあたりを意識した教育が女子校ではできるのではないかと考えています」

「人間関係の摩擦」が起きやすいのは

先ほどわたしは男女別学校のことを「濃い人間関係が構築される」と申し上げました。

このことは良いことずくめのように聞こえるかもしれませんが、遠慮の要らない付き合いが求められているからこそ、人間関係の摩擦に悩むのもこれまた男女別学のほうが多いように感じます。

書籍執筆のため、過去にさまざまな学校の在校生や卒業生たちに取材を重ねたことがありますが、「いじめ」という単語は、共学校出身者よりも男女別学出身者からよく耳にしました。

ある女子進学校の卒業生は、不登校になり、そのまま退学してしまった子のことをいまでも覚えていると言います。

「彼女は一人になるのが耐えられないタイプだったようです。距離感が他の人とちがうというか。わたしたちの学校は、たとえ友人同士でも距離が近すぎるのを嫌がる雰囲気がありました。それで彼女が馴《な》れ馴《な》れしくしちゃったときに、『あなた、しつこいわよ』って、みんながズバッと注意したのです。もちろん意地悪をしているつもりでは決してないのですが、彼女は深く傷ついてしまったようです」

あるカトリックの女子校出身者も次のように振り返ります。

「付属の小学校があったので、小学校時代にある程度の雰囲気ができあがっていて、その空気に中学入学組のほうが合わせなければなりませんでした。わたしはそれが気に入らなかったので、つんけんした態度を取っていたら、すぐにいじめの標的になってしまいました」

なるほど、確かに付属の小学校を持つ伝統的な男女別学校はたくさんあります。小学校からの「内部進学組」と中学校からの「入学組」で何らかの摩擦が起こりやすいというのは幾度も聞いた話です。

もちろん、内部進学者たちと中学入学組がすぐに仲良くなれるケースもあるでしょうが、正直なところ「この学校だから摩擦が起きる、あの学校だから仲良くできる」と断言することはできません。学校自体よりも、その学年、そのクラスを構成する子どもたちの雰囲気に左右されるところが大きい。わが子が学校にすぐに馴染めるかどうかは、ある意味「賭け」になるのです。

共学校の「特色」

この点、共学校の場合は男女が互いに気を遣うからか、ぎくしゃくした人間関係が生じにくいようにわたしは感じています。

幼稚園から高等部までの一貫教育をおこなう森村学園の入試広報部長の浅沼藍先生は、初等部から進級してきた生徒と中等部から入学してきた生徒の人間関係は本当にスムーズだと目を細めます。

「初等部とほぼ同数の一〇〇名程度が中等部から入学し、一クラスのうち、内部進学組と受験組をちょうど半々に分けて中学生活を始めます。ですから、入学してすぐ新入生オリエンテーションをおこなって、お互いが打ち解けやすいように努めています。

もともと初等部の校風が大らかなこともあり、内部進学組は男女とか上下関係とかをあまり気にせず、比較的仲の良い子たちばかりです。その子たちが中等部から入学してきた子に積極的に話しかけて、そこから一気に友達の輪が広がっていきます。これは毎年のことです。両者がいがみ合うといったトラブルは本当に聞かないですね」

また、同校の入試広報部副部長の江口徹先生は男女別学校と比べて、共学校のほうがいわゆる「グループ」が固定されにくいところがあるのではないかと言います。

「中学ではクラス内で当然のようにグループができますが、本校ではそのグループだけで固まってしまうことはあまりないですね。普段の休み時間をはじめ、行事などを観察していると、グループにとらわれずいろんな子たちが交流しています」

男女別学校の特徴について先ほど触れましたが、共学校ならではの特徴というのはあまりないようです。同じ学び舎に男女が集まっているのは、社会を考えればいたって「当たり前」のことだからでしょう。

ここまで読んだ方はわが子の進学先についてどのような思いを抱いたでしょうか。

わが子は共学校が良いのか、それとも男女別学校が良いのか、その判断はつきましたか。

この章の締め括りにちょっとしたヒントをご提供します。

お子さんの学校特性を考えるうえで、保護者の皆さんに調べてほしいことがあるのです。それは、わが子が「小学校」や「塾」といった集団の場で、周囲からどのような人物であると見られているのかを小学校の担任の先生、塾の担当講師から細かくヒアリングしてみるということです。

子どもたちは、場によっていくつもの「顔」を使い分けます。たとえば、ご家庭ではあまり自己主張をせず、おとなしく感じられる子であっても、集団の場、親の目の届かない場所では活発で周囲を引っ張るような存在である、なんてことはよく聞く話です（この逆のタイプも然《しか》りです）。

ご家庭とはまったく異なる振る舞いを「外」で見せるような側面が、子どもたちにはあるのです。

わが子の志望校を考える際、子どもの中高生活は「親が見ることのできない場」でおこなわれるのですから、わが子の「外」での性格や振る舞いをリサーチしたうえで、それを志望校選定の大きな参考材料にすべきだとわたしは思っています。

【学校訪問その五　普連土学園】人生を変える「沈黙」の時間とは？

現代は「情報過多」の時代と言われる。一説によるといまの子どもたちが受け取る一日の情報量は、江戸時代の人たちの目にする一年分のそれに相当するという。スマホでLINEやSNSにどっぷりと漬かっている子どもたちは、他者のことばを絶えず意識せざるを得ない「張り詰めた」環境の中を生きている。

そんな時代の中にあって「沈黙」をその学校の軸に据えている中高一貫校が東京・港区三田にある。

その学校は「普連土学園」。通称「クエーカー」と呼ばれるフレンド派（キリスト友会）に属する婦人伝道会の人々によって一八八七年（明治二〇年）に設立された伝統ある中高一貫の女子校だ。普連土学園の宗派はローマ・カトリック教会（旧教）にも属さず、かといって伝統的なプロテスタント（新教）と断言するのも難しいという。同校は日本唯一の「クエーカー」系列の中高一貫校なのだ。

一学年約一三〇名という少人数教育をおこなっている。そのためか、教員と生徒たちの距離が近く、一人ひとりに応じたきめ細やかな指導を実践している。ちなみに、「フレンド」に「普連土」の漢字をあてたのは津田梅子の父である津田仙。「普《あまね》く世界の土地に連なる」学校であってほしいとの願いが込められているという。この願いがいまの普連土学園の教育にも反映されていて、同校は外国語教育や国際交流にも力を入れている。

心の中の「泉」を思い浮かべる

同校には「静黙室」という森厳な静寂に包まれる空間がある。生徒たちは毎朝講堂や教室で礼拝をおこなうが、毎週水曜日は「沈黙」の礼拝となる。そして、希望者は毎月この静黙室を活用するという。瞑想する子、聖書を手に取ってそれを読む子……生徒たちは思い思いのスタイルで神の声を待つ。

同校の青木直人校長は説明する。

「クエーカーの創始者であるジョージ・フォックスは、教会という権威を通さなくても、一人ひとりの心の内に神は語りかけると考えました。だからこそ、フレンド派の人々は神様の語りかけに耳を傾ける『沈黙』の時間を礼拝の中心に据えたのです。つまり、沈黙のうちに神からの内なる光（声）を待ち望んだのですね」

その静黙室でひとりの卒業生に話を聞いた。

山下美聡さん（三三歳）。彼女は同校を卒業後、国際基督教大学に進学。その後企業に就職したが、現在は育休中とのこと。一歳の女の子を持つ母親でもある。

彼女にとって沈黙の礼拝はどのような意味を持つ時間だったのだろうか。

「『沈黙』の礼拝は週一回二〇分程度ありました。正直、わたしは高校生になるまでこの時間に何をすればよいのか戸惑いました。しかし、あるときに先生から『沈黙の最初に泉を思い浮かべなさい。一週間かけてたまった心の中の水を少しずつ抜いて、そして、きれいな水を少しずつためていくイメージを持つ。その上で心を落ち着けて、神様との対話の時間が始まるのです』という話を聞いてから、沈黙に集中できるようになりました」

そのときにどんなことを考えていたのだろうか。山下さんはこう振り返る。

「たとえば、一週間の学校生活を振り返り、『あのときの友人に対することばづかいはよくなかったな』『もっと勉強がんばらないと……』、そんなことを考えていましたね。特に嫌なことがあったときに、この沈黙の礼拝の時間に助けられましたね。心が落ち着くのです」

他者の声に耳を傾ける姿勢

山下さんは大学時代にある転機を迎えたという。

「わたしが大学時代に少し不真面目になってしまったとき、ふと沈黙してみたら『ああ、中高時代に先生方に教えられたことをいまの自分は全然実践できていないな……』、そんなふうに反省させられました。沈黙すると細かなことに気づくことができますし、いろいろなものに感謝することができます」

そして、社会に出ると沈黙することの大切さをさらに痛感させられたという。

「会社員になるとそれまで以上に価値観の異なる人と大勢出会うようになります。人間関係に悩んだ時期もありました。そうすると、沈黙の時間がより大切になるんですよね」

青木校長はこう言い添える。

「本校の生徒たちは『自分が、自分が』という自己主張をあまりせず、とにかく人の話をよく聴きます。誰かの意見、他者の声に注意深く耳を傾ける姿勢がこの学校の在校生たち、卒業生たちの成長の原動力になっていると思います」

自我を喪失しやすい時代の中で

わたしはこれまでも何度か普連土学園を取材し、在校生たちや卒業生たちと話をする機会があった。同校で過ごした女性たちは、落ち着いた雰囲気を身にまとい、一度立ち止まって物事をしっかり考える「思慮深い」性格の持ち主が多いように感じられる。これは彼女たちが中高時代に「沈黙」の時間を体験してきたことと無縁ではないだろう。

山下さんによると、普連土学園の生徒たちには一脈相通じるこんな特徴があるという。

「芯のある子が多く、それを互いに認め合う雰囲気がある。特定の仲良しグループだけに属すのではなく、みんな交友関係が幅広いですね。少人数教育であるという点も大きいのでしょう」

冒頭に挙げたが、現代に生きる子どもたちは、同調圧力を日々感じたり、他者からの承認欲求が強かったりして、自己のアイデンティティが揺らぎやすい環境に置かれている。

そういう時代であればこそ、「沈黙」の時間は、自身の心と向き合える贅沢なひとときになるのではないか。伝統的な普連土学園独自の教育観は、いまの時代にマッチしているのだ。

（二〇二〇年八月一〇日配信）

【学校訪問その六　桐朋】生徒の主催で担任がバンジージャンプ!?

数年前のこと。千葉県富津市にある「マザー牧場」に男子中学生の団体がやってきた。その生徒たちがひときわ興味を示していたのは「山の上エリア」に設置されたタワー。標高三二一メートルに設置されたタワーの頂上からは房総半島の山々と東京湾を望むことができる。ここから二〇メートル以上下に向かって人が飛ぶのである。そう、「バンジージャンプ」だ。

生徒たちは「挑戦したい」と先生に訴えたが、一八歳以下のバンジージャンプには指定の同意書に保護者の署名が必要になる。

残念がる男子中学生たち。だが、ある生徒がこんな一言を切り出した。

「だったら、先生、バンジージャンプをぼくらにやってみせてくださいよ！」

大盛り上がりの男子中学生たちに担ぎ上げられたのは、若手の担任教師。そして、担任教師は生徒たちが見守るなか、バンジージャンプを見事に決め、生徒たちは大興奮したという……。

「これは中一のときの忘れられない思い出の一つですね。『クラスの日』での出来事です」

そう語るのは現在桐朋高校に通う二年生の男子生徒だ。

広大で充実した学び場

東京都国立市。ＪＲ国立駅から南に延びる広い一本道「大学通り」の両側には並木が続いていて、春の桜や冬場のイルミネーションは壮観だ。その沿道にあるのが、この通りの名前の由来になっている一橋大学と、屈指の進学校として名を馳せる東京都立国立高校、そして、今回紹介する名門男子校、桐朋中学校・高等学校だ。

桐朋は、男子御三家の一つ、麻布の「自由さ」と、同じく男子御三家である武蔵の「アカデミックさ」の双方を備えている男子校だと、教育業界でよく言われている。教育目標として「自主的態度を養う」「他人を敬愛する」「勤労を愛好する」の三つを掲げている。

同校のキャンパスに足を運ぶと、その広大さに圧倒される。木々に囲まれたキャンパスには真っ白な校舎。その中には天文ドームやプラネタリウム、太陽観測所などの学習施設。また、運動施設も充実していて、両翼九〇メートル超の野球グラウンド、サッカーの公式試合も開催される東グラウンド、体育室（体育館）にいたっては何と四つある。ほかにもプールや柔道場、トレーニングルーム……。このキャンパスに魅了されて同校を目指す受験生が多いのもうなずける。

五〇年続いている伝統行事

さて、冒頭で紹介した「クラスの日」とはいったい何なのだろうか？　中学部長を務める村野英治先生は、「クラスの日」は同校の伝統行事だと教えてくれた。

「調べてみると、『クラスの日』は一九七〇年からおこなわれていて、今年（二〇二〇年）で五〇年になります。『クラスの日』を始めた意図が学校史に書かれています。『クラス単位で生徒委員が計画、実行のすべてを担当し、担任教師は助言を与えることとし、二名の教師が同行して一泊旅行、レクリエーションをおこなうもので、一人当りの費用は制限内でおこなうこととした』と。いまと変わらないですね」

中一・中二の一〇月第二週か第三週にこの「クラスの日」が実施され、原則は一泊二日だ（二〇二〇年はコロナ禍の影響で宿泊はしていない）。

「桐朋にはいろいろな行事があり、それぞれに委員があるんですね。春先に生徒たちは自分の担当する委員を決めるわけですが、その中に『クラスの日』委員があり、クラスで三人が務めることになります。その委員たちが候補地をリストアップして、クラスでプレゼンをおこない、みんなの承認を得るのです。なお、費用は一人一万九〇〇〇円以内。時にはクラスメイトの反対に遭って、行き先を変更することもありますよ」

聞けば、「クラスの日」委員は、行き先や内容を決めるだけではなく、バス会社や旅行代理店などとの直接交渉をおこなうこともあるとのこと。中には、業者を通さずにすべて自分たちで計画するクラスもあるらしい。

二〇一九年度の「クラスの日」の一覧を見ると、秩父での陶芸体験や伊豆でのバーベキュー、草津の温泉めぐりなど、クラスごとに行き先も内容も違う。「クラスの日」委員が作成したパンフレット（しおり）を村野先生が見せてくれたが、見た目も内容も多種多彩である。

前出の高校二年の在校生は言う。

「ぼくらのクラスは中二のときにあえて『東京旅行』にしたのです。お台場の宿泊施設を利用して。そういえば、自分たちの住んでいるところって案外知らないよね……と。初日は浅草巡り。花やしきにも行きましたね。翌日はお台場のヴィーナスフォートに寄ったあと、ラウンドワンでは先生を交えてボウリング大会。そのまま貸し切りバスで新宿へ行き、『ルミネｔｈｅよしもと』でお笑いを堪能しました」

「自由の本質」を学ぶ機会に

村野先生は桐朋の教育目標にからめてこんな話をしてくれた。

「教育目標のひとつに『自主的態度を養う』とありますが、『自主』とか『自立』を『〝先生が指示したことに〟自主的に取り組む』なんていうふうにとらえる生徒になってほしくない。自分たちの頭を使って、じっくりと考えてほしい。中高生活でその機会を一つでも多く与えていきたいと思っています。その一つがこの『クラスの日』なんです」

だからこそ、先に紹介したマザー牧場に行ったクラスの担任教師も、生徒たちの意思を尊重し、バンジージャンプに挑戦したのだろう。

ところで、皆さんは「バンジージャンプ」の起源をご存じだろうか。それは南太平洋のバヌアツ共和国のペンテコスト島でおこなわれている「ナゴール」である。足にツルをくくりつけ、大木の上に設置されたやぐらから数十メートル下に向かってジャンプする。これは成人として周囲から認められるための「通過儀礼」であった。

「クラスの日」も、桐朋が仕掛ける「大人への通過儀礼」なのだなと、わたしは感じている。

先の高二生は同校の教育についてこう語る。

「桐朋では『自由の本質』を学べるんです。『自由』とは何をしても良いということではありませんよね。『自分たちの責任』の下で取り組んでいかねばなりません。そんな良い意味での『自由』を学校から与えてもらっているように思います」

高二の彼は今年の文化祭実行委員を務めていた。

例年六月に開催する「桐朋祭」は、二〇二〇年はコロナ禍により九月に開催を延期した。毎年八〇〇〇人前後が集まる大人気のイベントだが、来場者を制限した「オンライン併用型」の桐朋祭を実施し、結果的に大成功を収めたという。この桐朋祭、生徒たちがそのほとんどを企画し、運営しているという。

桐朋の生徒たちの一人ひとりが中高生活の中で「自立心」を培ってきたからこそ、文化祭の成功へとつながったのだろう。「クラスの日」はそんな彼らの成長のきっかけのひとつになったにちがいない。

（二〇二〇年一〇月二六日配信）

第四章

進学校、大学付属校、そして寮制という選択

【この章のポイント】
●進学校は塾通いより授業がメインになる
●大学付属校の異常人気は沈静化
●わが子の自立心を育てる寮制の暮らし

学校の変化を見極める

首都圏出身の保護者と地方出身の保護者、それぞれと進路面談(志望校選定の相談)をおこなっていると、地方出身の方のほうが令和の中学受験事情の理解が早いようにわたしには感じられます。これは当然のことです。

首都圏出身の方はどうしてもご自身が中高生だった時代の「受験地図(各校の学力レベルの位置づけなど)」が焼き付いていて、その固定観念から容易に離れることができないからです。これは仕方ないと考える反面、わたしはできるだけ最新の受験事情を知ってほしいと丁寧に説明することを心がけています。

受験地図はいまや保護者世代の頃から大きく様変わりしています。第二章で触れたように、共学化や校名変更などをして、その学校の姿を一変させたケースは枚挙にいとまがありません。

また、かつては名門校とされ、人気を博していた学校がいまや生徒募集にも悪戦苦闘しているなんていうこともありますし、正反対に、かつては「不良学校」などと陰口を叩かれていたところが首都圏を代表するハイレベルな進学校へと変わっているなんてことも珍しくないのです。

学校とは都度その姿かたちを変える「生き物」であると言って差し支えないでしょう。ですから、わが子の進学先を選ぶ際には、「いまの姿」だけではなく、この先その学校がどのような変化を見せていくのかを、学校説明会などの場である程度見極めていかなければなりません。

八四ページからのコラムでも紹介した東京都市大学等々力は、まさに大きな変化を遂げた学校です。前身の東横学園時代（女子校）には生徒募集に四苦八苦して、二〇〇〇年代に入ったころは、中学は一学年一クラスで運営せざるを得ないこともあったといいます。

それが校名変更や共学化、教育内容の抜本的な改革によって、今春二〇二二年度には卒業生数二一六名に対し、国公立大学は延べ八四名、早慶上理には延べ一四五名、ＭＡＲＣＨには延べ三一九名という現役合格者を出すまでになったのです。

いまやその入試難度もぐんぐんと上昇し、改革は功を奏したと言えるでしょう。

この学校では大学合格実績について事前に具体的数値目標を掲げ、それを達成するために思い切ったことをしています。

同校の教頭・二瓶克文先生は大学合格実績についてこう語ります。

「本校では生徒たちが大学受験をする際は、たとえ入学する大学が決まったとしても、途中で受験をやめず、最後まで受け続けようという指導をしています」

受験生に最後まで力を尽くしてほしいという思いとともに、大学合格実績の伸長にこだわりがあることを意味しています。

このことばにひょっとすると「そこまで数にこだわらなくて良いのではないか」と反応される保護者がいるかもしれません。

しかし、二瓶先生は東横学園時代の苦労を知る方でもあり、二度と十数年前のように戻ってはいけないという危機感が熱いことばの端々から伝わってくるのです。

二瓶先生は語気を強めます。

「わたしたちは常にいろいろな学校との比較にさらされているという危機意識を持っています。われわれの学校が二〇〇九年に東横学園から名称変更、翌年に女子校から共学校に変わってからずいぶんと時間が経ちました。その時間の流れの中で東京都市大学等々力の独自の文化を築くことができているというプライドがあります。

最近は『～国際』とか『～インター』という名前を冠した新しい学校が登場してきていますが、保護者の皆さまには『中身で見てください。負けませんよ』と言い続けています。わたしたちは一〇年以上かけて本当に良い教育をしようと尽力してきて、それが認められていまがありますから」

この東京都市大学等々力の例だけでもお分かりになるでしょう。

保護者世代の受験地図はいまや通用しないのです。四谷大塚の模擬試験の「ランク表」を用いて、二〇二二年度と三七年前の一九八五年度の首都圏偏差値上位校の変化について見てみましょう。その様相が大きく変化していることが分かります（次ページ参照）。

当時の中学受験模様を知っている方ほど、この三七年の変化に驚かれることでしょう。

塾・予備校泣かせの聖光学院

さて、この章では「進学校」「大学付属校」「半付属校」の特色を見ていくことにしましょう。

前の章でも説明しましたが、「進学校」とは系列の大学が置かれておらず、大学受験を前提にした学校のことです。そして、「大学付属校」とは系列の大学に六割以上の卒業生を輩出する学校であり、「半付属校」は系列の大学がありながらも、他大学を希望する生徒たちが多く、系列大学への進学率が六割未満の学校です。本書ではこのような区分をおこないます。

まずは、「進学校」の特色やその取り組みについてご説明します。

「進学校」に進むと、六年間勉強漬けで、塾や予備校にも通うハードな日々が待っていると

首都圏・偏差値上位校の変化《男子編》

偏差値	1985年度	2022年度
73	開成　筑波大附駒場	筑波大附駒場
72	武蔵　栄光学園　慶應普通部	
71	慶應中等部	開成
70	麻布	聖光学院　渋谷教育幕張
69	駒場東邦　学大世田谷　筑波大附	
68	聖光学院　巣鴨　学大竹早	麻布
67		栄光学園
66	早稲田　桐朋　暁星	筑波大附　渋谷教育渋谷
65	学大大泉	駒場東邦　武蔵　浅野　慶應湘南藤沢
64	学大小金井	海城　慶應普通部　慶應中等部 早稲田　早大学院　早稲田実業　市川
63	海城	芝(２回)　本郷(３回)
62	早稲田実業　立教	本郷(２回)
61		サレジオ学院　攻玉社(２回)
60		明治大学明治　桐朋(２回)

首都圏・偏差値上位校の変化《女子編》

偏差値	1985年度	2022年度
73	慶應中等部	
72	学大世田谷　筑波大附	渋谷教育幕張
71		桜蔭
70	桜蔭　女子学院　お茶の水女子大附	女子学院　豊島岡女子学園 慶應中等部　筑波大附
69	フェリス女学院　雙葉	渋谷教育渋谷　早稲田実業
68	白百合学園　青山学院　学大竹早	慶應湘南藤沢
67		雙葉　市川
66	東邦大東邦　東洋英和女学院	
65	学習院女子　立教女学院　晃華学園 学大大泉	フェリス女学院　洗足学園 浦和明の星　青山学院
64	日本女子大附　成蹊	明治大学明治　東邦大東邦 白百合学園
63	学大小金井	吉祥女子　お茶の水女子大附 広尾学園
62	聖心女子学院	鷗友学園女子　頌栄女子学院
61	共立女子	学習院女子Ｂ　東洋英和女学院Ｂ
60	横浜雙葉	栄東　立教女学院

四谷大塚「合不合判定テスト」結果偏差値（合格率80%ライン）などから作成

お考えの方がいるかもしれません。

聖光学院は「塾・予備校泣かせ」の学校としてあまりにも有名です。予備校の腕利きの講師に講習会などで教わったとしても、「いや、聖光学院の先生のほうが授業のレベルが高いぞ」と感じる生徒が多く、結局予備校の授業を継続しなくなるケースが多いという話は、教育業界のいろいろなところで噂されていることです。実際はどうなのでしょうか。

同校中学入試委員長の國嶋応輔先生は高校三年生の通塾率について教えてくれました。

「わたしたちの調査によると、高校三年生のときに塾・予備校の授業に通っている子は二〇％弱、自習室のみの利用を含めると五〇％近くというところです。たとえば、今春東京大学に現役合格した七七名のうち、塾・予備校の授業に通っていた子たちは七名に過ぎません」

わたしは自身が思い描いていたよりも段違いに通塾率が低いことに驚きました。

聖光学院は、教員たちがこれまでのノウハウをふんだんに盛り込んだオリジナルの教材やプリントを使用してハイレベルな授業を展開しているのです。

國嶋先生は聖光学院の教員の質の高さを誇りに思っていると言います。

「わたしも卒業生なのですが、大学時代はなぜか聖光学院時代のプリントを思い出に取っておいたのです。段ボール二箱分くらいはありましたね。いまの生徒たちもプリントの分量は変わりません。ある程度プリントがまとまってくると冊子化することもよくあります。

本校の教員は院卒（大学院修了者）の割合も比較的高いですし、それぞれが専門性を持っている場合が多いです。たとえば、今年の中学一年生の担任五人のうち東京大学を卒業した教員が二人、一橋大学・東京工業大学・海外大学を卒業した教員がそれぞれ一人ずついます。最も低学年である中学一年生でそういうレベルの担任が付けられるということは、それだけ人材が潤沢だという証でもあるのです」

一方、ハイレベルな生徒たちが集う場だけあり、教員一人ひとりの授業へのこだわりはかなり強いと國嶋先生は言います。

「本校に入学してきたトップレベルの子どもたちにとって刺激になる授業をしたいという思いを、教員たち全員が持っています。中学一年生の最初であっても、すでに数学は微分積分まで学んでいる子がいたり、英語ならば帰国生ではないものの英検二級を持っている子がいたりします。そういう子たちに『つまらない』と思わせない授業をしようと努めています」

それほどハイレベルな環境なら、授業についていけずに脱落する子どもたちがいても不思議ではありません。この点に不安を感じる保護者がいるはずです。

しかし、聖光学院は学習ペースについていくのに苦労している生徒たちを集めて、なんとも面白い試みを講じているのです。

「高校一年生のときから、成績不振者をザビエルセンター（学校に隣接する研修施設）に集めて、ＯＢたちが『家庭教師』役を務めるという試みをおこなっています。そこでは指導に当たるＯＢが、当該生徒の部活動の先輩になるようにするなどの『マッチング』にも配慮しています。

この試みは希望があれば、高校三年生まで続けられるのですが、その中で気の合う先輩を見つけてほしいとも願っています。勉強だけでなく、この出会いを自分を見つめ直す機会にしてほしいのです」

國嶋先生は、学力を伸ばしていく生徒たちに共通しているのは、勉強以外のことに懸命に打ち込んだ経験のあることだと言います。

「学力を伸ばせる子の条件として、一つは中学受験で自ら学習習慣ができている子、つまり、親から自立している子です。親から良い意味で愛されていて、適度な放任がなされているような子は、中学時代から学力的にぐんぐん伸びる傾向にあると思います。そして、高校生になってから一気に学力的に伸びる子は、中学生のときによく遊んだ子です。勉強以外の非認知能力を鍛えていた子と表現すれば良いでしょうか」

この「非認知能力」を刺激する場を、聖光学院ではあらゆる場面で用意しています。大学受験に向けて「勉強漬け」の学校では決してないのです。

「中学二年生のときに選択芸術講座をおこないます。ちょうど世界が広がり始める、自我が芽生え始めるタイミングです。中学三年生になると自分のやりたいことを見出す子たちが結構出てきます。何かの同好会を作ったり、バンドを始めたり……。

その前にやや強制的であっても、自分がそれまで触れていなかった世界に触れさせる。それがその後の成長に大切なことだと思っています」

選択芸術講座以外にも、正規の授業のカリキュラム内容や学年の枠を超えた体験型の学習講座「聖光塾」というオリジナルプログラムがあります。ここでは普段はなかなか味わうことができないことを経験できます。

「聖光塾は中学一年生から開催していて、学年を超えたつながりが生まれます。この夏にはサイクリングに行ったり里山に出かけたりとか……。少し前の時代は、大学入試の問題を授業で解いてそれを解説すれば済んでいたのですが、それだけではいけないと考えています。

さまざまな体験をさせることで、非認知能力を高めていこうという趣旨でおこなうようになりました。本校では宿泊行事も昔に比べるとずいぶん増えました。机の上では学べない新しい体験をたくさんしてもらいたいという思いで実施しています」

進学校のメインは「授業」

具体的な学校名は伏せますが、有名大学付属校から首都圏屈指の進学校へと指導の場を移した先生から、両者を比べて授業のどういう点が違うのかをヒアリングしたことがあります。

「大学付属校だと定期テストで得点できれば良いという雰囲気で、それ以上のレベルを突き詰めようという生徒が少なかったですね。教員のほうも、もっと深いことを教えたいというよりも、教科書の内容を丁寧に教えて、生徒たち全員に『均等的な学力』を付けてもらいたいという意識のほうが強かったように思います。

それに比べると、進学校の生徒たちは知識を吸収することに貪欲《どんよく》です。より難しい問題に食らいついていこうという気概があります。そのぶん、教員たちも生徒に『飽きられる』授業にならないよう、授業内容をもっと深掘りしたい、生徒たちの興味関心を喚起したい、そう思って授業をしています」

進学校の先生方から話を伺っていると、やはり、というべきでしょうか、「授業」の話題が頻繁に登場します。

教員たちが自らの努力で授業の質をレベルアップさせて、それを子どもたちに還元していきたいと考えているのでしょう。

そうした教員たちの思いを制度的に組み込んでいるのが、桐朋（東京都国立市／男子校、一二〇ページコラム参照）です。

中学部長の村野英治先生は、「教員の大半は院卒ですし、専門性を持った教員ばかりです。だから、みな指導教科に対してこだわりが強いのではないでしょうか」と口元をほころばせ、桐朋独自の教員研修制度について教えてくれたのです。

「教科担当内で推薦が得られれば、本校の教員は給与が支払われ続けたまま、一年間休学して、外で学べるという制度があります。これは珍しいのではないでしょうか。制度の利用者は海外留学したり、大学院に通ったりしています。教員が学び続けられる環境を学校側も惜しみなく提供したい。そして、そんな教員が研修期間を終えると、研究成果の発表を兼ねて、生徒たちに『特別講座』を開催しています。とても面白いですよ」

知名度で大学を選ばない

大学付属校では得られない進学校の意義について浅野の入試広報部長・徳山直先生がこうまとめてくれました。

「大学の付属校ですと、自分の学校の中の成績によって行ける学部・学科がコントロールされてしまう側面があります。その点、浅野のような進学校ですと自分の将来の選択肢の幅を狭めずに大学を選ぶことができます」

そして、徳山先生は卒業生の進路に変化が出始めていると言います。

「最近は自分の学びたい学問を軸にして大学を選ぶ子が増えてきました。かつては、『何とか早慶レベルには合格したい』という思いが強かったのが、本校の全体的な学力レベルが高くなったことで、より広い選択肢を考えられるようになった結果かもしれません」

つまり、早慶ならどこでも良い、国公立大学ならどの学部学科でも良いと考える大学受験生が減少しているということです。

そして、この大学受験生の志向については他校の先生方も同じようなことを言うのです。

普連土学園の広報部長の池田雄史先生が、最近の進路のトレンドについても話してくれました。

「同じ大学のまったく別分野の学部を複数受験する子などいまは皆無です。最近、文系学部で言えば、『文学部』の人気が凋落《ちょうらく》し、実学系の学部に集中する傾向にあります。また、本校では理系選択者が四割を超えてきています。女子校としては珍しい傾向かもしれませんが、工学系の学部が人気を博しています」

ここで注意すべきは、保護者には中学受験と大学受験の世界はまったくの「別物」だと考えてほしいということです。田園調布学園の入試広報部長・細野智之先生は、進学校の「醍醐味」をこう語ります。

「中学受験は保護者が子どもの適性を見て、候補となる学校を選び、その中から子どもが志望校を決めていきます。一方、大学受験は自分が何をしたいのかをとことん突き詰めて、子ども自身が一から、どの大学のどの学部のどの学科を、と選んでいく。これは大きな違いです。

中学校に入学したら、保護者の方々はわが子に対する固定観念をいったんリセットすることが大切です。そして、子ども自身が本当にやりたいものを自分と向き合いながら見つけていってほしいのです。いままでできなかったことが急にできるようになった、いままで苦手だったことが少しずつ好きになっていった……そんな自己発見ができるのが進学校の醍醐味ではないでしょうか」

「未来」をデザインする機会

中高一貫の「進学校」だからと言って六年間、ずっと勉強に追い立てられているわけではありません。むしろ、中高一貫の六年間という「ゆとり」があるからこそ、学校側は子どもたちが、自身の未来をデザインできるきっかけをたくさん提供しているのです。

その最たるものが、多くの中高一貫校で実施されている「中学卒業論文」でしょう。

三輪田学園の校長・塩見牧雄先生は具体的なエピソードを交えて話をしてくれました。

「社会の授業の一環として中学三年生のときに『卒業論文』を書かせていますが、ここで取り組んだことがそのまま将来の進路につながるケースがあります」

塩見先生は何名かの教え子の顔を思い浮かべたのでしょう、懐かしそうな表情を浮かべて続けました。

「たとえば、こども食堂が社会的にクローズアップされたときに、ある生徒はそのことを調べて自分と同年代で困窮している子たちがいることを知りショックを受けたようです。これを卒業論文に書いて、彼女なりにいろいろと考えた結果、『自分は教育で社会を変えたい』と教員を目指すために教育学部に進みました。また、大学で医学部に進んだ生徒が、『脳死、臓器移植』を卒業論文の題材として選んだこともあります。別に親が医者だったわけではありません。自らの意思で選んだのです。このような例は挙げればきりがないですよ」

森村学園は長期的に生徒たちが将来の進路面を考えられるよう、段階別に取り組んでいることがあるようです。

入試広報部長の浅沼藍先生は言います。

「わたしたちは基本的に中等部の三年間を進路指導というふうにとらえていて、高等部の三年間はそれを具体化し、進学指導するという二段階で考えています。そのため、中等部のときは職業調べや自由研究などにかなり力を入れており、そういう体験を通じて、自分の興味のあることに気づいてほしいと考えています」

浅沼先生のことばを教頭の小澤宗夫先生が引き継ぎました。

「本校の創立者は実業家だったのですが、創立者がどういう生き様だったか、なぜ教育分野に関心を抱いたか……中学一年生のときにはそれを学びます。創立者のことばをあえてぐっと要約すると『社会に出るというのは私利私欲ではなく、他人の役に立つことである』ということです。それがベースになって自分の行きたい方向性を考えられるようになるのです。二〇〇名の生徒がいれば二〇〇通りの進路がある。そういう多様な進路を生徒たちは互いに尊重し合える雰囲気があります」

そのような森村学園の生徒たちの気風は外部から高評価を受けることがあるという。

浅沼先生は微笑む。

「本校の生徒たちは『何になりたいか』というのがまずあって、そこから大学・学部を考えています。知名度のある大学だったらどこでもいいなんて子はいないですよ。そう言えば、ある予備校講師に『森村の生徒たちって目的意識が高いですね』と褒められたことがあります」

第二章で「時代に即した教育実践」という小見出しを付けて、各校のさまざまな新しい取り組みを紹介しました。これらの取り組みによって吸収したことを血肉化して、在校生たちは自らの未来をゆっくりと、着実にデザインしていくのでしょう。

大学付属校の教育姿勢

「進学校派」の保護者は、その理由をよくこういうことばで説明します。

「大学受験という目標があるからこそ、中高六年間を学業に専心できる。また、将来やりたいことも定まっていないのに、どの大学に進むのかを中学入学時点で決めるのは早すぎる」

一方、「大学付属校派」からよく耳にするのは、次のようなことです。

「大学受験勉強に膨大な時間を割《さ》かれることなく、わが子には部活動や課外活動など、中高六年間を存分に謳歌してほしい。また、付属校は『学園色』の強いところが多く、卒業生などのネットワークを将来的に活用することだってできる」

わたしから言わせると、どちらのことばもそれなりの説得力があり、それぞれの内容に同意できます。

つまり、「進学校」「大学付属校」の選択はご家庭の価値観、意向次第ということです。

ただし、最初から「進学校」「大学付属校」と決めつけず、互いを見比べて判断されると良いでしょう。受験候補校の「良いところ」と「そうでないところ」を相対的に見ることにもなりますし、これまで考えていなかった学校に巡り合える可能性もあると思うからです。

では、「大学付属校」の良さとはどういうところにあるのでしょうか。

法政大学第二（神奈川県川崎市／共学校）で入試広報主任を務める望月則男先生は「大学受験を否定しているからこそできる学び」があると言います。

「本校は『付属校らしい付属校』です。極端に言えば、大学受験のための勉強というものを否定する考えで、わたしたちの授業や学校は成り立っています。

わたしは数学を担当していますが、中学段階では図形の模型を作らせるようなことをしますし、事象の説明に終始することなく、具体性を持ったものを生徒たちに伝えていきたいと考えています。それ以外の教科でも体験重視のプログラムを組んでいます。中学から入学してきた子たちはこのような教育の影響を受けているからか、高校入学者よりも理系の割合が高いです」

望月先生はこうも言い添える。

「付属校ですから、生徒たちは勉強だけでなく部活動にも存分に打ち込めるという『両軸』を持つことができます」

大学付属校ならではの強みは、やはり系列大学との連携にあります。法政大学に入る前に時間をかけてアカデミックな内容に触れる場を設けていると言います。

「高校三年生のときには大学の先生にも協力してもらって、大学の学部でどんなことを学ぶのかを伝えてもらいます。生徒たちには授業内容をプレゼンさせたり、論文を書かせたりしています。大学に入る準備をじっくりおこない、スムーズに大学生活へと移行してほしいと考えています」

進学校ではなく付属校だからこそ実践できる教育姿勢を、望月先生は次のようにまとめてくれました。

「進学校だと『受験に必要な教科』にどうしても偏《かたよ》って学習してしまう面があると思います。その点、わたしたちのような付属校は総合的な学びを大切にできます。それこそ、家庭科とか情報の授業などは、かなり本格的です。幅広く学べるのも受験がないからこそではないでしょうか」

大学付属校というと、系列大学への進学が当然となっているため、内部の競争がほとんどなく、のんびりしているところばかりだ、というイメージを抱く人がいるかもしれません。実際、付属校の生徒たちが系列大学へと進学した途端、周囲の学力レベルに打ちのめされるという話は昔からよく噂に聞くことです。

しかし、最近は「しっかり勉強させる」大学付属校も増えています。

たとえば、明治大学明治（東京都調布市／共学校）などはその典型的な学校です。学習量はかなり多く、明治大学への進学を前提にした「先取り教育」も導入しています。実際、在

主要な大学付属校・半付属校の内部進学率

学校名	区分	内部進学率
早大学院	男子	100%
早稲田実業	共学	97.0%
早稲田	男子	53.2%
慶應義塾・慶應志木・慶應女子・慶應湘南藤沢		99.0%
明治大明治	共学	90.3%
明治大中野	男子	81.1%
明治大中野八王子	共学	90.2%
青山学院	共学	84.5%
青山学院横浜英和	共学	33.3%

学校名	区分	内部進学率
立教池袋	男子	94.1%
立教新座	男子	83.9%
立教女学院	女子	64.6%
香蘭女学校※	女子	61.4%
中央大付属	共学	88.1%
中央大横浜	共学	71.3%
法政大	共学	90.0%
法政大第二	共学	91.6%
学習院	男子	52.7%
学習院女子	女子	65.1%

学校名	区分	内部進学率
成城学園	共学	62.4%
成蹊	共学	26.3%
日本大第一	共学	71.1%
日本大第二	共学	28.0%
日本大第三	共学	39.6%
日本大豊山	男子	70.3%
日本大豊山女子	女子	59.7%
日本大(日吉)	共学	63.5%
東洋大京北	共学	47.0%
東海大高輪台	共学	79.3%

※内部進学率は2021年３月（2020年度）の数値である。
※「香蘭女学校」は立教大学の関係校であり、ここでは大学付属校としてカウントしている。
※声の教育社『2023年度用　中学受験案内』掲載データを基に内部進学率を算出した。

校生たちに話を聞くと、みんな「かなり勉強している」と声を揃えます。

主要な大学付属校の内部進学率はどのようなものになっているのでしょうか。

上に表としてまとめましたので、参考にしてください。

ただし、この表だけでは分からないところがあります。系列の大学に「（成績不振で）上がれない」生徒が多いのか、あるいは、「（あえて）上がらない」生徒が多いのか。この点は気になります。たとえば、学習院（東京都豊島区／男子校）はほぼ全員が系列大学（学習院大）の推薦権を得られるものの、半数近くの卒業生が学習院以外の大学をあえて受験しているのです。

付属校をわが子の志望校として検討されている保

護者は、この「内実」について説明会などの場で探ってみることが必要です。

落ち着きを取り戻した付属校人気

近年の中学入試における大学付属校人気は凄まじいものがありました。

第一章で挙げた「大学入試改革」「大学入試定員厳格化による首都圏私立大学の難化」への不安が主たる理由と考えられます。

ただ、わたしは前作『令和の中学受験　保護者のための参考書』でこんな警鐘を鳴らしました。

〈付属校人気には注意が必要です。

わたしが偏差値に対して、物価や株価に用いる「高騰」などという表現を用いたのには理由があります。偏差値は外的環境によって、いともたやすく変動するものだからです。いまの小学生たちが大学入試を迎える頃は大学入試改革から何年も経過していて、入試制度も落ち着きを取り戻している可能性が高いのです。

言い方を変えれば、有名大学付属校の中学入試で合格できる力量があるならば、わざわざその系列大学に進学するのは（学力面で）「もったいない」と感じるような時代がやってき

てもおかしくないのです。〉

そして、この「読み」は思ったよりも早くに当たりました。その原因は「コロナ禍」です。

二〇二二年度の中学入試状況を分析すると、その人気にブレーキがかかった大学付属校が目立ちました。

昨春（二〇二一年）の大学入試では、首都圏の私立大学各校の受験者が大きく減少し、全体的に易化《いか》する傾向が見られたのです。少子化による高校卒業生数が約二・六％減少していることも一因として挙げられるでしょうが、コロナ禍による以下の二つの原因が大きいと見られています。

①従来であれば地方から首都圏大学を受験する層が激減した。緊急事態宣言の発出されている首都圏まで足を運ぶのをためらった結果と考えられる。

②それに関連して、この先も対面授業が果たして成立するか否かが見えない首都圏の私立大学を避ける傾向にあった。

2022年度・主要な大学付属校の受験者数推移

学校名	性別	実受験者数 2021年	実受験者数 2022年	前年比
早稲田実業	男子	329	308	94%
	女子	195	192	98%
早稲田大学高等学院中学部	男子	407	438	108%
慶應義塾普通部	男子	563	575	102%
慶應義塾中等部	男子	※1026	※1021	100%
	女子	※496	※475	96%
慶應義塾湘南藤沢中等部	男子	※231	※240	104%
	女子	※290	※304	105%
青山学院	男子	353	360	102%
	女子	546	464	85%
明治大学明治	男子	508	415	82%
	女子	480	455	95%
明治大学中野	男子	1550	1500	97%
立教池袋	男子	482	433	90%
立教女学院	女子	319	277	87%
中央大学附属	男子	362	399	110%
	女子	506	553	109%
法政大学	男女	1236	1117	90%
法政大学第二	男子	937	928	99%
	女子	674	630	94%
成城学園	男子	400	362	91%
	女子	491	463	94%
日本女子大学附属	女子	430	404	94%

※を付けた学校は現時点で受験者数は公表していないため、応募者数を記載している。
(一般入試のみ。入試を複数回設置している学校は、それらの回の受験者数を合算している)

このような大学入試動向を踏まえると、中学受験の段階で何も進学する大学を決めなくても良いのではないかという小学生保護者が多くなるのは想像に難くありません。

論より証拠です。首都圏の主要な大学付属校の二〇二二年度の中学入試状況を一覧化してまとめてみました。早慶レベルはそうでもありませんが、MARCHを中心とした大学付属校では、前年比で受験者数を減らしているところが目立ちます。

そんな折、文部科学省が主導してきた「大学入試定員厳格化」の政策が緩和されるというニュースが入ってきました。早くも来春二〇二三年度から管理基準が緩和されるというのです。

これが首都圏私立大学の易化につながると、それを受けて二〇二三年度以降の中学入試状況がこれまた変化を見せると考えられます。

保護者のみなさんはぜひこの点を注視してほしいと思います。

半付属校は「いいとこ取り」

進学校と大学付属校の長所を併せ持っているのが「半付属校」の魅力かもしれません。

系列大学と連携したアカデミックな学びで在校生たちを刺激し、それが将来へとつながる道標となり、他大学受験で自ら希望する学部学科に進む子どもたちがたくさんいるからです。

大妻は大妻女子大学のキャンパスと隣接しています。

副校長の赤塚宏子先生は高大連携の様子を話してくれました。

「大妻女子大学の施設を借りることができたり、大学図書館を高校生が利用したりしています。大学の先生に来てもらい、放課後講座も開いています。たとえば、中国語講座は八〇人くらいが参加して盛り上がっています。今後、中国語以外の講座も設けたいと思っています」

大妻同様、系列大学が隣接している実践女子学園の教頭・財前雅代先生は言います。

「高大連携が上手くいっています。昨年、本校の校長が大学の学長職から異動してきたことも大きいです。まだスタートアップの段階ではありますが、大学の教員たち、大学の学生たちと本校の生徒を繋げる試みがいろいろなところでおこなわれています。

たとえば、本校の生徒は科目等履修生として大学の授業を受けることができます。また、大学の文化祭に本校の生徒たちが参加したり、反対に、大学の学生たちが本校の文化祭などで手を貸してくれたり、ということもやっています。もちろん、大学図書館は本校の高校生たちも利用できます」

獨協（東京都文京区／男子校）の教頭・坂東広明先生は、大学との連携が子どもたちの進路面に影響を及ぼしていると言います。

「中学一年生や二年生を対象に、系列の『獨協大学』の見学ツアーをおこなっています」

「獨協大学」といえば「語学」で有名な大学です。大学のアカデミックな語学教育の一端に触れさせることで、生徒たちの知的好奇心を刺激する場にするそうです。その一例として英語版の落語の鑑賞会もおこない、子どもたちは興味津々だったとか。

坂東先生は言います。

「そんな体験をしたからでしょう。外国語に興味関心を抱く生徒たちは多く、本校の生徒たちが『ＰＤＡ中学生即興型英語ディベート全国大会』に進出し、そこで優秀な成果を収めることもあります。錚々《そうそう》たる進学校の生徒たちと競って勝ったことが絶大な自信を与えてくれるようです」

坂東先生によると、これをきっかけに英語で自信をつけた生徒が、国内の難関大学のみならず、ロンドン大学やワシントン大学といった海外の大学へ進学するケースも最近は出てきているとのことです。

東京都市大学等々力の教頭・二瓶克文先生は理系に特化した東京都市大学が系列にあり、高大連携を強化し、それが子どもたちの進路に影響を及ぼしていると言います。

「高校一年生になると東京都市大学の教授陣による『最先端科学講座』という理数プログラムがおこなわれます。高校学習指導要領では扱っていないレベルの高い実験に触れてもらうという試みです。わたしたちの学校は年々、理系進学率が高くなっていますが、こういう取り組みが実を結んでいるのかもしれません」

そのほかにも実に興味深い取り組みを二瓶先生は紹介してくれました。

「メンター制というのを敷いています。高校一年生・二年生の段階で卒業論文を書かせているのですが、わたしたち中高教員は専門分野に特化した指導をしているわけではないので、その生徒のテーマの専門分野に応じて東京都市大学をはじめ、いろいろな大学の先生にお願いして、メンターとして指導していただいています。生徒たちは先生方に直接指導を仰ぐだけでなく、メールでもやり取りをしているようです。高校二年生の終わりに卒業論文を提出するときには、目指すべき進路が定まっている子が多いですね」

「寮制」を選んだ子どもの変化

本章の最後に、中学入試における「寮制」の選択肢を提示したいと思います。

先日、スタジオキャンパスの卒業生の保護者が大喜びでこんな報告をしに塾を訪ねてくれました。

「先生、息子は中学校に入ってから信じられないくらいしっかり者になったのです。この前は空港まで見送りに行ったのですが、わたしが重い荷物を持っているのを見て、息子が『母さんの荷物重そうだから、俺が持つよ』って代わってくれたのです」

この話を聞いて、わたしは嬉しさがこみ上げてくるとともに、大変驚きました。彼の小学生の頃を振り返ると「そういうタイプ」の子ではないと考えていたからです。

その彼は普段、北海道にある全寮制の中高一貫校に在学しています。

ところで、日本には寮制（寄宿舎）を備えた中学・高校が数多くあることをご存じでしょうか。中高一貫校情報サイト「シリタス」によれば、私立中高一貫校の約一三〇校が何らかの形で「寮制」を導入しているといいます。

また、これらの学校の中には東京を会場にして入試を開催するところもあるのです。

【男子校】　北嶺（北海道）、函館ラ・サール（北海道）、静岡聖光学院（静岡県）など

【女子校】　盛岡白百合学園（岩手県）、不二聖心女子学院（静岡県）など

【共学校】　秀光（宮城県）、佐久長聖（長野県）、金沢学院大学附属（石川県）、西大和学園（奈良県）、愛光学園（愛媛県）、早稲田佐賀（佐賀県）、宮崎日本大学（宮崎県）など

その中の一校、不二聖心女子学院（静岡県裾野市／女子校、一六二ページコラム参照）

は、「週末帰宅型」というスタイルをとっています。つまり、平日は学校の寄宿舎で共同生活を送り、土日は自宅に帰って過ごすのですね。わたしが取材に同校を訪れたときに、何人かの寄宿生に話を聞いたのですが、寄宿舎に入って変わったことは？　と質問すると、最も多かったのは「親子関係が改善した」という声だったのです。

「いままでは家族って当たり前の存在でしたが、寄宿舎生活を始めてそのありがたみを改めて知りました。だから、土日の親子の会話は本当に多くなりましたし、かえっていままでより家族と仲良くなりました」

「小学生のときはことあるごとに母親に反抗していたのですが、寄宿舎生活を始めてからは、そんなことがなくなりましたね」

ちょっと距離を置いたからこそ、子は親のありがたみが、親は子の大切さが、改めて身に染みて感じられるようになるのでしょう。

また、寮制の学校に入ると「自分のことは自分で」やらないといけません。たとえば、洗濯したり、その洗濯物を畳んだり、ときには当番制で掃除をおこなったりします。

「かわいい子には旅をさせよ」とは言いますが、わが子の様子次第ではこういう寮制を備えた学校の受験を候補に入れるのも手でしょう。

【学校訪問その七　頌栄女子学院】「グローバル」なんて言葉は使わない

東京都港区白金台。高級住宅街として知られるこの町に、一八八四年（明治一七年）に創立されたプロテスタント系の女子校がある。

その名は「頌栄《しょうえい》女子学院中学校・高等学校」。

ＪＲ、京急本線「品川駅」、都営浅草線「高輪台駅」、都営三田線・東京メトロ南北線「白金台駅」、ＪＲ・東急池上線「五反田駅」のそれぞれから徒歩圏内に位置している。とりわけ高輪台駅の出口からは数十秒歩けば校門に辿り着くという抜群のアクセスを誇る学校だ。

校内に足を踏み入れると都心とは思えない緑豊かなキャンパスを有しており、中庭や運動場を囲む森の樹々は港区保護樹林に指定されていて、そこにはさまざまな動植物を見ることができる。

校庭に向かう坂道を歩いていると、多くの在校生たちの語らう姿が目に飛び込んでくる。そして、思わず振り向いてしまうのは、英語でことばを交わしている在校生たちが少なくないことだ。

同校は全校生徒の約二〇％を帰国生が占めている。

在学している中学二年生は言う。

「教室だってそうですよ。帰国生同士、英語でやり取りしている姿が普通に見られます」

帰国生との混合クラス

同校では帰国生と一般生の混合クラスを複数設けているという。この中二生が混合クラスの雰囲気を教えてくれた。

「帰国生同士は英語で話していることが多いですね。でも、だからといって一般生と距離があるわけではないです。こっち（一般生）は帰国の子たちに図々しく英語の質問をたくさんします。その代わりに社会をこっちが教えることもあります。みんな仲良しです」

同じく一般生である高校二年生は、〔冗談めかしてこんな話を聞かせてくれた。

「テスト前なんて帰国の子たちが大人気。英語について質問攻めにします。iPhoneに『Hey Siri!』と呼びかける感じ（笑）」

前出の中二生は、帰国生たちと接する中で「文化の違いを感じることもある」と話す。

「たとえば、お弁当ひとつとっても違いがあります。ある日、リンゴを丸ごと持ってきてそれをかじっている子を見て、『おお！』と新鮮に感じました（笑）」

先ほどの高二生は、帰国生の存在が学内の雰囲気に大きな影響を与えていると言う。

「帰国の子たちの多くは開放的な性格です。他人のことを素直にほめるし、妬《ねた》むことなど決してしない。そんなところにわたしたちが憧れた結果、いつの間にか学内全体が平和な雰囲気になるんですよね」

中二で高校中級レベルの英語力

同校の生徒たちの英語運用能力の高さには、大学受験予備校の講師も舌を巻くほどだ。複数の予備校で英語指導に携わる野澤翔吾氏はこう証言する。

「頌栄の子たちは英文を読むのも速いですし、何より知識が豊富です。ああ、学校の授業で鍛えられているのだなあと感心させられますね」

頌栄女子学院は自校のWEBサイトで在校生たちの「英検」の取得状況を公開している。中二の一般生でも八〇人近くが準二級（高校中級程度）以上を取得しているなど（帰国生を含めた一学年の人数は二〇〇〜二三〇人程度）、平均的な生徒であっても高校中級程度の英語力を身につけていることが分かる。

同校で教鞭を執って一〇年目になるという英語科教諭の鈴木真紀先生は語る。

「授業の進度は決して速くはないのですが、副教材の『Bridge Work』がかなり深い内容や難解な表現を扱っているので、それで力をつける子が多いです。また、こまめに小テストを実施していて、合格できなかった子には何度も追試をおこなうなどしてケアしています」

英語を英語で受け入れる

さらに同校では、在校生たちが英語を一層身近に感じるための仕掛けを用意している。中学校三年生の「カナダ研修」と高校一年生もしくは二年生を対象にした「イギリス研修」だ（ともに希望者が参加）。カナダ研修では一つの家庭に生徒二人がホームステイをして、現地の学生たちと触れ合う。イギリス研修の前半はイギリスのウィンチェスター大学の寮に滞在し、イギリス人大学生の生活を体験し、後半はホームステイをしながら語学学校に通い、世界中の留学生たちといっしょに英語を学ぶという。

前出の高二生はカナダ研修がとても良かったと、興奮気味に話してくれた。

「『英語も日本語と同じ〝言語〟で、本当にそれを使ってコミュニケーションを図れる』という当たり前のことを実感できました。現地の高校生と交流を深めるのですが、カナダの学生だけでなく、そこには東南アジア各国や中国、韓国の人たちもいましたね。最初はどうやって接すればよいか戸惑いましたが、とにかく勇気を出して相手に話しかけることが大切だということを学べました」

さらに彼女は英語を「英語」のまま理解することができたという。

「たとえば、日本で電車に乗ったときに英語のアナウンスが流れるときってあるじゃないですか。あれに違和感を抱かなくなりましたね。すっと入ってくる感じ」

鈴木先生は頌栄女子学院の英語教育の在り方をこう説明する。

「昔の英語学習は、日本語に訳せればよいというところがありましたが、いまの本校の英語では日本語訳の問題に取り組みません。英語を英語で理解する。本校では一貫してこのことを念頭に置いて指導しています。この学校で英語指導に携わる教員はほとんど海外での生活経験があります。日常に英語があるのは当たり前。ですから、この学校では『グローバル教育』なんて言葉は使いません」

聞けば、頌栄女子学院の図書館には「English Library」が設置されていて、六〇〇〇冊以上の洋書が揃っている。中学一年生のうちから洋書を積極的に読むように推奨しているそうだ。

群を抜く早慶への現役進学率

頌栄女子学院は「出口」の良い学校としても知られている。

週刊誌「AERA」の特集「171高校の現役進学力ランキング　旧帝・早慶上理・M

ARCH・関関同立に強い真の実力校」(二〇二〇年八月三一日号)では、頌栄女子学院が早稲田大学への現役進学率において全国第一位、慶應義塾大学へも全国第五位であることを伝えている。二〇二〇年度は一般生と帰国生合わせて、早稲田大学に四四人、慶應義塾大学に二七人が現役で入学した。

進学実績はひとつの参考材料に過ぎないとはいえ、同校で過ごす六年間で在校生たちがめきめきと英語運用能力を向上させたことと、大きく関係しているのはまちがいないだろう。

(二〇二〇年一一月九日配信)

【学校訪問その八　不二聖心女子学院】中高生の約半数が寄宿生活

静岡県裾野市。富士山麓にあるこの地域に、お嬢様学校として名高い「聖心女子学院」の姉妹校がある。二〇二〇年に前身の温情舎小学校から数えて創基一〇〇年を迎えた伝統あるカトリック系の女子ミッションスクールである「不二聖心女子学院中学校・高等学校」だ。

東京ドーム一五個分、敷地面積約二一万坪の緑豊かなキャンパスは圧巻だ。校門から本館まで約一キロメートルあるというのが広大さを物語る。富士山をはじめとした山々に囲まれた敷地内には、不二農園と名づけられた茶畑、ゴルフの練習にも活用されるオークヒル、生徒たちの課外活動の場である「共生の森」などが広がっている。野生の鹿やウサギなどが顔をのぞかせることもあるそうだ。

同校には中高合わせて四九一人が在学しているが、そのうち、地元・静岡県在住は二二八人と半数以下だ。静岡県に次ぐのは東京都一〇二人、神奈川県八三人、愛知県二五人である。

なぜ、こんなにも県外在住の生徒が多いのか。

この不二聖心女子学院の生徒の約半数が、寄宿舎で生活しているからだ。彼女たちは、平日は寄宿舎に滞在し、金曜日の午後に帰途に就く。土日を自宅で過ごし、日曜日の午後には学校に向けて出立するという、全国的にも珍しい「週末帰宅型」の寄宿舎生活を送っている。

このスタイルは現代の家庭環境にフィットしている面がある。

両親が共働きで、平日は子どもたちとなかなか接する機会を持てない家庭が増えている。ならば、平日は思い切って学校に預け、土日でわが子と触れ合う機会を持とうと考える保護者が多いのもうなずける。実際に、同校の寄宿生の数は増加の一途をたどっていて、新しい寄宿舎を増築したばかりだ。

親元から離れる意味

地元・裾野市在住ながら「自立したい」と自ら望んで寄宿生活を送る、ある中一生はほほ笑む。

「ここで生活するようになってから、苦手な食べ物がなくなりました。そして、みんなで共同生活することで、相手がいまどんな気持ちでいるのだろう、どんなふうに声をかければいいのだろう……。そんなふうに、相手の視点でものを考えられるようになったと思います」

東京を離れた中一生たちに聞くと、みな生活に慣れ、「大人」へと成長しているようだ。

「最初のころはホームシックになってしまいましたが、いまは友だちがたくさんできましたし、すっかり慣れました。寄宿舎に慣れるにしたがって、周囲から『何だか穏やかな性格になったね』と言われるようになりました」（東京都渋谷区出身、中一生）

「最初は家が恋しいと思いましたが、いまは逆に寄宿舎を離れる金曜日が寂しくて仕方ありません」（東京都港区出身、中一生）

「たとえば、起きたら布団を自ら畳む……そんな行動を率先してやれるように変わりました。親からびっくりされています（笑）」（東京都目黒区出身、中一生）

「エンジェル制度」

同校の母体である「聖心会」が裾野の地に修道院を創立したのは一九五二年のこと。この修道院にはかつてシスターの修練院（養成所）があり、新人のシスター一人ひとりに対して、支え教える役割を担う先輩のシスター（エンジェル）がついたという。

不二聖心女子学院はこの制度を受け継ぎ、寄宿生のみならず、通学生にも導入した。一人の高三生（エンジェル）が、一～二人の中一生（チャイルド）のお世話をする。中一生は尊敬の念を込めて世話係の高三生を「エンジェルさん」、高三生は世話をする中一生を愛情いっぱいに「チャイ」と呼んでいる。

寄宿生活を送る東京都品川区出身の高三生Tさんは目を細める。

「もう、わたしのチャイは可愛くて仕方がありません。彼女たちが寄宿生活をうまく送れるために手を尽くしたいと思います。あとは、ちょっとした人間関係のトラブル。チャイが悩んでいるときは、こちらが手取り足取り教えるのではなく、自ら考えてくれるように導きたい」

「エンジェル」として後輩に温かな目を向けることも、同校が仕掛けた教育のひとつなのだ。

このTさんが担当している中一生にとって「エンジェルさん」は憧れの的である。

「Tさんはわたしにとって『女神様』みたいな存在です。寄宿生活を始めたばかりのときにいただいたおメダイ（ブローチ）は、わたしにとってはお守り。テストの前など緊張するときはいつもおメダイを触って心を落ち着けています」

このメダイは、Tさんが同校の主催する「フランス・ルーツへの旅」に出かけたときに教会で購入したものだという。

こんなふうに喜々として話をしてくれた中一生も、五年後には「エンジェルさん」として、後輩の世話係に精を出しているのだろう。聞けば、同校の「エンジェル」「チャイルド」は、一生ものの付き合いになるケースが多いという。

聖心女子学院の創立者である修道女のマグダレナ・ソフィア・バラは「聖心はひとつの大きな家庭です」ということばを残している。このような制度が「聖心ファミリー」の文化、スピリッツの継承に大きな役割を果たしているのだろう。

（二〇二一年一月二五日配信）

【学校訪問その九　金沢学院大学附属】公立優位の地方都市に開校する「秘策」

二〇二二年四月。新たな共学の中高一貫校が誕生した。

石川県金沢市。かつてこの地は「北陸の小京都」と呼ばれていた。古くから残る建物や街並み、和菓子の店や茶屋街、数々の伝統工芸品、地の野菜、あるいは、日本三大庭園のひとつである兼六園をはじめとした観光名所など……。確かに京都と共通項の多い土地柄であるように感じられる。

しかし、金沢の人々は「小京都」と言われることに違和感を抱くようだ。

「『加賀百万石』という有名なことばがありますが、公家文化を中心に栄えた京都に対して、金沢は最大の外様といわれた前田利家が築いた、いわゆる武家文化で発展した街です。加賀藩は武士のみならず、庶民を対象に学問や文芸にも力を入れました。その影響でしょうか。人口一〇万人当たりの大学数では石川県は京都府に次いで全国第二位です。『学都・金沢』とも呼ばれているのですよ」

こう説明してくれたのは学校法人金沢学院大学・企画部長補佐の西念《さいねん》佑馬先生。

取材当時、この西念先生の名刺を見ると、その所属先に「中学校設置準備室」と添えられていた。

学校法人金沢学院大学は「大学」や「附属高校」を有していたが、二〇二二年度より中学校を新規開校。前身の私立金沢女子専門学園が一九四六年に創立されてから七六年経ったいま、なぜ中学校を開設したのだろうか。聞くところによると、二月には東京・名古屋・大阪でも中学入試を実施し、広範囲から入学生を集めたという。それを見越して、寮制度を充実させたらしい。

そういえば、東京から金沢に赴任した教育関係者が次のような発言をしたことをふと思い出した。

「金沢はほどよく都会でほどよく田舎。そして、文化的な環境のある街。わたしの周囲にいる都心から金沢に転勤してきた人たちは、再び帰京する際にこんなことをよく口にするのです。『わが子をこのまま金沢に置いていきたい』……それくらい教育環境的にも魅力ある街なのでしょう」

西念先生は新設の中学校に挑戦する理由をこんなふうに説明してくれた。

「金沢は全体的に保守的な地域であり、依然として公立高校が中心です。そんな中で、中高一貫校を開設し、六年間かけて高い学力レベルを誇る生徒たちを輩出したいと考えたのです」

民間学習機関が全面協力

金沢学院大学附属中学校は二コース体制で運営される。スポーツや芸術などの個性や才能を伸ばすために設置される大学附属色の強い「総合コース」。そして、国立大学・医学部・難関私大への進学に対応した「特進コース」である。

東京をはじめとする県外入試で受験生が集まるのは「特進コース」になるのだろう。

前出の西念先生のことばは力強い。

「特進コース一期生の目標として、全員が旧帝大もしくは医学部に合格することを掲げています」

そのために、主要三科目である「国語・数学・英語」については、その充実を図るためにチーム・ティーチングによるきめ細やかな授業を毎日おこなっていくという。また、「共創型対話学習」という対話によって在校生たちが深い思考力・判断力・表現力を培う学習に取り組むという。さらに、彼ら彼女たちがアカデミックな学びを堪能するために、隣接する系列大学の教員が自らの研究室で直接指導もおこなうらしい。

そして、次の点が珍しい。

同校の教育内容の策定には全面的に民間教育機関がかかわっている。教育アドバイザーとして著名な清水章弘先生の率いる「プラスティー教育研究所」だ。

その清水先生はこう語る。

「金沢学院大学からこの話を頂戴したときは、正直新しい中学校を作るのは難しいのかな、と感じました。既に高校があってその文化がありますしね。しかし、今回中学校を開設するに当たって、学校は力量のある教員を一斉に新規に採用したのです。これは相当な力の入れようだなと感心させられました。学校側も『良い学校を作るためなら、どんどん意見を言ってほしい。それに応えてみせる』というスタンスでしたから、その懐の深さと器の大きさにわたしは突き動かされたのです」

新規開校する中高一貫校には陰で民間教育機関が携わることが多い。しかしながら、それはあくまでも助言役やサポート役といったいわば「お客様」であることがほとんどだ。

この点、同校は他校と一線を画している。プラスティー教育研究所はれっきとした「学校スタッフ」であり、教員たちと協同して教育内容やそのプログラムを構築、実践するという。もちろん、代表の清水先生はじめ、プラスティーのスタッフたちも授業を受け持ち、子どもたち一人ひとりのコーチングも担っていく。

わたしは今春から中学校に勤務する教員たちとプラスティーのスタッフたちとのミーティングの場にたまたま居合わせたが、活気ある雰囲気の中、互いに本音をぶつけ合い、良い学校を皆で作り上げていこうという熱気に満ちていた。

子どもが成長する「寮制度」

そして、同校の敷地内には三階建て・二〇〇の個室を備える新築の寮（中学清鐘寮）を用意する。寮内には大人数で使用する学習室を五室設けたり、系列大学の教育学部の在校生たちがチューターとして個別指導に携わったりするなどして、子どもたちの六年間の学びを支援する。

さらに、この寮では同校の教頭を務める望月尚志先生が寮監を兼ねる。

望月先生は熱弁を振るう。

「寮生たちが学習成果を出すためには、彼ら彼女たちにとってストレスフリーな生活を用意しなければいけません。教頭であるわたしが寮監を兼務することで、学校内と寮での様子を交互にチェックし、寮生一人ひとりに細かに配慮することができます。なお、わたしの妻が寮母を務めます」

驚かされたのは、望月ご夫妻は富山県の私立中高一貫校で一六年間、寮長・寮母として多くの寮生やその保護者たちと関わってきたということだ。そのノウハウを基にさらにオンラインなどを活用した新しい試みを導入するという。

学期ごとの寮生保護者会、週に一度配信される寮生活のライブ動画、YouTubeを活用したイベント動画配信など……。

また、この寮では「特進コース」と「総合コース」の生徒たちが共同生活を送ることになる。

学力トップ層の生徒とトップアスリートが互いに良いところを学び合い、切磋琢磨できる環境の構築が狙いだという。

どんな六年間を過ごすのか

金沢学院大学附属中学校は、金沢駅からバスで三五分ほどの距離にあり、豊かな緑に囲まれた環境である。広々とした敷地内には、体育館やサッカー場、ラグビー場、野球場、剣道場、柔道場のほか、トランポリン場や相撲場まである。

ここに入学した第一期生たちは、どんな六年間をここで過ごしていくのだろう。

同校のパンフレットを開けると、そこには学校が思い描く六年間の歩みが樹木のイラストとともに掲載されている。

わたしが学校内を訪れて見学していた折、学校関係者のひとりがふと呟《つぶや》いた。

「中高六年間を過ごしたこの金沢の地は、子どもたちにとって『故郷』になるのですね」

第一期生となる彼ら彼女たちがこの金沢の地に根を張って、新しい学び舎の中でどのようにして学びの枝葉を伸ばしていくのか。わたしは楽しみにしている。

（二〇二一年九月一七日配信）

第五章　志望校選びで親が悩むこと

【この章のポイント】
●ギリギリで合格した子のその後
●公立一貫校と私立は「水と油」の関係
●SNS情報に惑わされないようにする

入試の得点とその後の「相関性」

第五章は「志望校選びで親が悩むこと」と題して、わたしがこれまで中学受験生の保護者からよく受けてきたご相談内容を中心に、「Q＆A形式」で回答していきます。また、その質問内容によっては、中高一貫校の先生方のコメントも盛り込んでいます。みなさんのお子さんの志望校選定のヒントになれば幸いです。

それでは最初の質問に回答していきましょう。

Q　わが子が第一志望校に進学してほしいという願いは当然ありますが、ギリギリで合格したとしても、その後の中高の学習についていけず脱落しないかと心配です。入試の得点結果と入学後の成績はどれくらい関係があるのでしょうか？

A　これはよく尋ねられる質問です。一部の学校を除いて、入試得点結果を開示しているところはありませんから、実際にわが子が余裕で合格ラインを超えていたのか、あるいはギリギリで合格したのかは分からないものです。ただし、志望校に補欠で合格したり、繰り上げで合格したりした場合などはギリギリで合格したことが明確です。

入学手続きの期限を過ぎた直後に定員に達していなければ、学校側は「欠員」を充足するために受験生のご家庭に繰り上げ合格の連絡をおこないます。

複数の学校の先生からヒアリングしたのですが、その連絡をとった際に大喜びする保護者がいる一方、反対に不安な様子の保護者がいるそうです。「ギリギリで入学してわが子は御校の勉強についていけるのか」と。

この質問への回答は、わたしがこれまで卒業生を見てきた感覚的なものよりも、各校の先生方に回答いただいたほうが良さそうです。

桐朋で中学部長を務める村野英治先生は言います。

「入試データとその後の追跡は最近おこなっていませんが、一〇年前くらいに具体的なデータ分析をおこなったことがあります。その結果は『入試の成績と高校卒業時の成績に相関関係はまったくない』というものです」

村野先生は微笑んで、こんなエピソードを教えてくれました。

「桐朋の中学入試で補欠合格だった生徒が東京大学の数学科に進んで、いまはウチの数学教師です。これなども相関関係のなさを如実に表す例ですよね」

聖光学院の中学入試委員長・國嶋応輔先生は相関係数を具体的に示してくれました。

「入試得点とその後の成績の相関関係は『緩く』存在している、という程度です。例外のほうが圧倒的に多い。

データ分析すると、相関係数として○・三程度です。本校は第一回入試（二月二日）と第二回入試（二月四日）がありますが、一回目入試は五○○番台で不合格だった子が、二回目入試は一○○番台で合格することだってあります。その問題によって発揮される実力が大きく変動するということでしょう」

なお、相関係数は正と負の方向をマイナス一〜プラス一までの強さで示すことで二つのデータ群の関係性を表します。

おおむね○・○以上〜○・三未満は「ほぼ無関係」、○・三以上〜○・五未満は「非常に弱い相関」、○・五以上〜○・七未満は「相関がある」、○・七以上〜○・九未満は「強い相関」、○・九以上については「非常に強い相関」があるとされています。

聖光学院の教員たちには、新入生たちの入試順位は一切伝えられないそうです。しかし、最後の最後で本人がその順位を知ることのできる場を用意しているとのこと。

「生徒たちは卒業式の日に自分が中学入試のとき何位で入ったのかを校長に直接聞くことができます。ですから、その日は校長室の前に列ができていますよ。そこで校長が『あなたは○○位』などと伝えています（笑）」

頌栄女子学院（東京都港区・女子校、一五六ページコラム参照）の広報部長・湯原和則先

成城の中学入試成績と高校1年時成績の分布

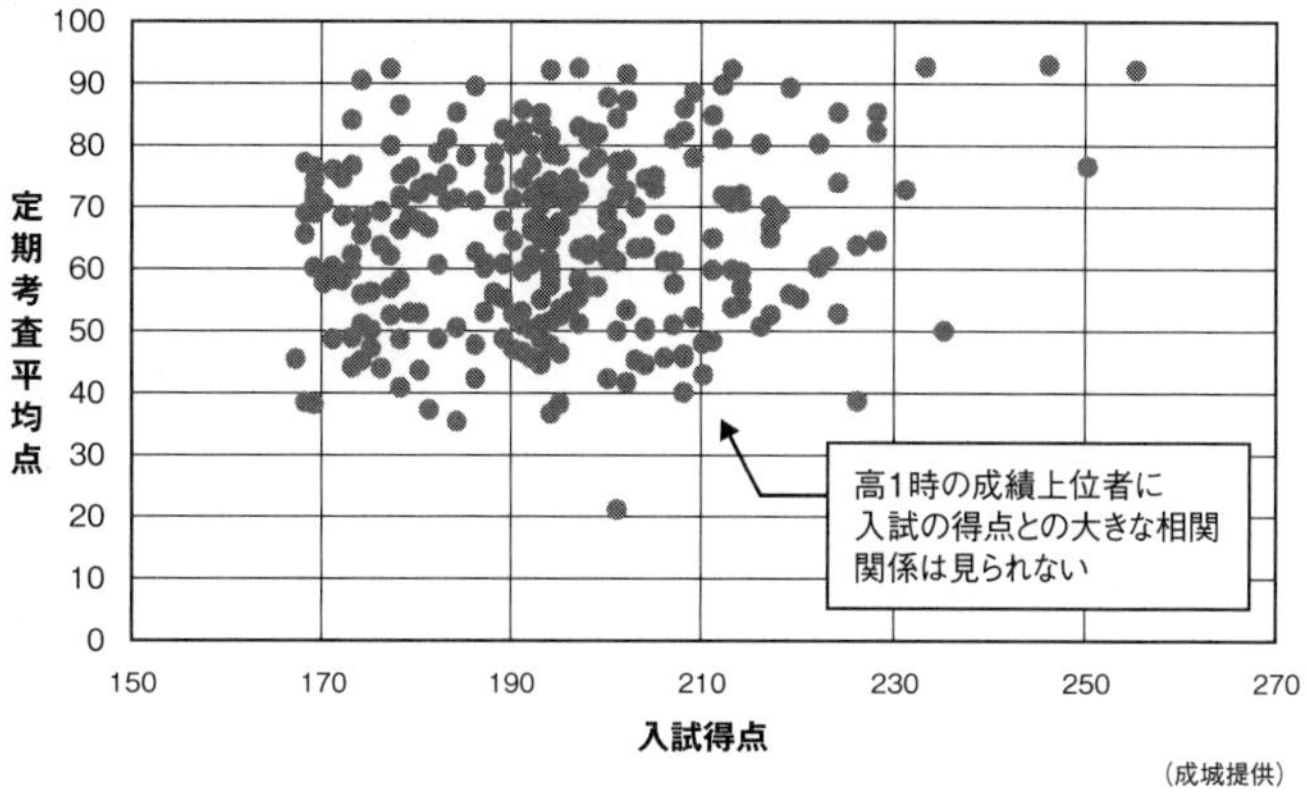

（成城提供）

生は、中学校一年生に限っては入試得点との相関が見られると言います。

「正直、中学校一年生の成績は入試順位とある程度相関関係があります。しかし、不思議なことに一年経つと、ばらばらになっていくのです」

成城の入試広報室長・中島裕幸先生もこう言います。

「本校は追跡データを細かく取っていて、中学入試と定期テストの相関データもその一つです。それを分析すると、中学一年生の夏休みを過ぎたあたりから、入試の結果と定期テストの結果に関係が見られなくなります。入学したあとに学習習慣をどう育んだかが何よりも大切だということですね」

今回、成城からその相関データの一部を見せてもらうことができました（上図）。入試でトップ合格した子は好成績を維持する傾向はあるものの、それ以外の層は学力分布が散らばっています。

これを見ると、「ギリギリで合格したわが子は大丈夫なのだろうか」という心配を抱く必要のないことが分かります。

学校説明会の活用ポイント

Q 子どもが六年生になる前に、合同説明会やいろいろな学校の説明会に伺いたいと思っています。このような場でチェックしたほうが良いのはどういう点でしょうか？

A 中高一貫校を知る場として、複数の学校の先生方が集まり、ブースごとに自校の説明をおこなう「合同説明会」と、各校がそれぞれ自校で開催する「学校説明会」があります。

合同説明会の良いところは、いろいろな学校の資料が一日で入手できたり、各校の先生方の声を直接聞けたりすることにあります。「広く浅く」各校の特色を知ることができるのが合同説明会の魅力です。合同説明会のブースでは率直なご質問をぶつけても良いと思いますし、一対一（家族）という場ですので、先生方も気さくに答えてくれるでしょう。

ここで学校の授業や部活動、進学実績、通塾率などについても尋ねてみると良いかもしれませんね。

「チェックしたほうが良いことはあるか」とありましたが、注意すべき点はあまり見当たりません。

強いて挙げれば、熱意のあまり前のめりになりすぎて個人的な相談をぶつけてしまい、学校の先生方を困惑させないよう注意を払うということくらいでしょうか。

付け加えれば、たとえば男女別学校を志望されていたとしても、せっかくの機会なので共学校のブースものぞいてみることをお勧めします。新たな魅力を見出せるかもしれません。

合同説明会を活用して、受験候補校を何校かにしぼったあとは、実際にその学校へ足を運んで「説明会」なり「文化祭」なりに参加されると良いと思います。

そして、「学校説明会」ですが、あれもこれも知ろうとするとその学校の特色がかえって分からなくなってしまうことがあります。ご家庭でチェックすべきポイントを二点にしぼって、それぞれを評価してみてはいかがでしょうか。

その二点とは「保護者が最重要視していること」と「子が最重要視していること」です。たとえば、前者は「英語教育にどれだけ力を入れているか」、後者は「グラウンドがどれだけ広いか」など……。

複数の学校の説明会に参加される場合、「同じ要素」で比較することを心掛けましょう。

ただし、「合同説明会」も「学校説明会」も、あるいは「学校見学会」「文化祭」といった催しも、その学校にとっては「外向けの場」です。

普段のその学校の雰囲気や在校生たちの様子を知りたければ、下校風景をチェックすると意外にいろいろと見えてくることがあります。

指定校推薦の充実度が気になる

Q　まだわが子は小学校四年生ですが、私立中高一貫校の受験を考えています。先の大学入学のことが気になり、志望校選びの際、指定校推薦枠の情報を重要視してしまいます。気にしすぎでしょうか？　また、各校の大学合格実績で注目すべきところはどこでしょうか？

A　志望校を選定する際に大学入学のことが気になるのは当然のことです。

ただし、指定校推薦枠については注意が必要です。

というのも、現時点でその学校が確保している「指定校推薦枠」が、お子さんが高校三年生になる八年後に変わらず存在しているという保証は何もないからです。

指定校推薦枠は、その学校から大学に進学した学生の成績状況などで増えたり減ったりする性質のものです。

ある伝統校にお邪魔した際に「○○大学の推薦枠をこれだけ確保しているのは凄いですね」と振ったら、その先生は「でも、来年からは相当人数が減らされるのです……」と気まずそうな表情をしました。指定校推薦で大学に入った卒業生たちの成績が振るわなかったのでしょう。

とりわけ「中堅校」と形容される学校の指定校推薦枠の変動は良くも悪くも激しいという印象をわたしは抱いています。

なお、難関校といわれるような学校（たとえば、四谷大塚の合格率八〇％偏差値で六〇以上の学校）では、指定校推薦は存在するものの、ほとんど活用されていないケースが目立ちます。指定校推薦が得られるレベルの子は、大学の一般入試でさらに高みを目指していくからです。

質問の後半部分ですが、志望校の「大学合格実績」を見るポイントを二点挙げましょう。

一点目は「延べ合格者数」ではなく、その学校の「実進学者数」に目を向けることです。「延べ合格者」とは、たとえば、一人の優秀な子が慶應義塾大学三学部、早稲田大学二学部に合格したとすると、「慶應義塾大学三名合格」「早稲田大学二名合格」とカウントされるものです。この数値に惑わされてはいけません。反面、「実進学者」とは「何人がどの大学に進学したか」という数を意味します。

最近は後者の数値を前面に出す学校が増えたように感じています。逆に言えば、依然として「実進学者数」を公開しない学校は、都合の悪い何らかの事情があるのかもしれません。

二点目は「その学校の中位でいたらどのレベルの大学に進学しているか」をチェックすべきです。わが子がその学校でトップ層になれるとは限りません。その学校の中で真ん中の位置にいれば、どのあたりの大学に進学しているかをチェックしてみましょう。これは先述した「実進学者数」から類推できるものです。

公立一貫校と私立併願はありか

Q　公立中高一貫校を第一志望にする場合の併願校についてアドバイスがほしいです。経済的に負担が少ないため、公立の中高一貫校に進学するか、もし不合格なら地元の公立中学校に行かせようと考えています。このような家庭であっても私立中学校の入試を受験する意味はありますか？

A　公立中高一貫校を志望されているのですね。経済的な負担が少ないうえに、各校の特色もさまざまで魅力ある選択肢が多いとわたしは考えます。

首都圏では私立中学校を第一志望校にしている子どもたちが、公立中高一貫校を併願する流れも生まれています（たとえば、都立中高一貫校は二月三日に入試を実施していますので、二月一日・二日を中心におこなわれる私立中学校の入試と掛け持ちしやすいのです）。ただし、難関校に合格できるレベルの子であっても、事前に対策ができていないと公立中高一貫校にはなかなか合格できません。

なぜでしょうか？

それは、私立中学受験向けの学習と公立中高一貫校向けのそれがまったく異なるからです。

前者は難解な語句や知識が必要ではあるものの、何年か塾通いを続ければ得点に結びつきやすい問題揃いということができます。

一方、後者は「適性検査」と呼ばれ、基礎的な一般常識、教養を満遍なく身に付けているかが試されています。また、作文（論述）が多く表現力も必要となります。正直申し上げると、これらは塾に通っても確実に得点力が向上するとは言いきれない性質の問題です。

ともに、長い時間をかけて対策する必要性があるのですが、両者はいわば「水と油」の関係と言えるでしょう。

ですから、公立中高一貫校を志望して、その対策に注力してきた子が、私立中学校を併願しようとしてもなかなか良い結果にはなりません。

しかしながら、近年は公立中高一貫校を志望する受験生を取り込もうとする「適性検査型」の入試をおこなう私立中学校も登場しています。もし併願されるならば、このような入試スタイルの私立中学校を選ばれると良いでしょう。

ただ、「経済的に進学させるのは厳しい」ということであれば、無理して私立中学校を受験する意味はないようにも思います。

たとえば、お母様の懸念されるように、公立中高一貫校は残念な結果だったが、私立中学校には合格したとしましょう。

「ちゃんと結果が出て良かったね。これを自信の種にして、これからの公立中学校でがんばろう」と親子ともに割り切れれば何も問題はありません。けれど、子どもが「合格した私立中学校にどうしても通いたい」と言い出したら（「合格証書」をもらえればそう言い出す可能性は高いでしょう）、親として困ってしまうのではないでしょうか。

それならば、公立中高一貫校一本にしたほうが良いと考えます。

なお、先述した「適性検査型」の入試をおこなう私立中高一貫校の中には「特待生制度」（学費免除など）を設けているところがいくつかあります。そのような学校を詳しく調べてみるのも良いかもしれません。

発達障害の子への対応

Q　わが子は集中力に欠けるところがあり、医師から発達障害であると診断を受けました。このような子は中高一貫校に合格できたとしてもその後苦労するでしょうか。また、発達障害に対する学校側の理解はどの程度でしょうか？

A　ご心配されるのは当然だと思います。

発達障害といっても、その種類はいくつかに分かれます。「自閉スペクトラム症（ASD）」は、対人関係が苦手だったり、一つの物事への執着心が強かったり、といった特性があります。「注意欠如・多動症（ADHD）」は、集中力が長時間持続せず、そわそわしたり、不規則発言をおこなったりする特性があり、「学習障害（LD）」は、読み書きや計算が苦手な傾向にあります。

そして、この三つの症状が重複して症状として出るタイプの子もいます。

発達障害と診断されたお子さんに対して中高一貫校はどのような対応をおこなっているのでしょうか。

この点について複数の学校の先生方にストレートに尋ねてみました。

実践女子学園で中学校教頭を務める財前雅代先生はこう言います。

「協働作業をするときに明らかに向いていない子については、個々に対応しています。保護者の方とも細かく相談しつつ、『学校側ができること』『学校側ができないこと』ははっきり伝えるようにしています。スクールカウンセラーや養護教員のバックアップ体制も整えています。とはいえ、高校生になると場に慣れて落ち着いてくる子が多いですね」

森村学園の教頭・小澤宗夫先生も「線引き」が大切と口にします。

「できれば入学手続きをして実際に入学してくる前に、わが子の特性が気になる保護者から連絡がほしいと思っています。小学校のときに学校側がこういう対応をして上手くいった、反対に上手くいかなかったなど、そんな情報共有をしてくださるとありがたいですね。入学後はわたしたちもいろいろとトライ&エラーを繰り返しながら、どこまでが学校側ができることなのか、どこからが保護者や医療機関にお願いするところなのか、という境界線を引いたほうが、互いにやりやすいのではないかと考えています」

発達障害の生徒は「普通の存在」である、と言い切る先生がいます。聖光学院の中学入試委員長・國嶋応輔先生です。

「発達障害と言われるような子はたくさんいます。ですから、学内でも『普通』の存在であり、浮くようなことはありません。その子たちそれぞれの特性に合わせて対応していますしね。なんなら、教員にも発達障害の人間が何人もいます。ＡＳＤに対して、『何かしなければならない』ということではなく、さらに先の理解をわたしたちはしています。決して発達障害を持つ子たちを特別扱いしません。

たとえば、片付けができない、人に挨拶ができない……、そういう子に対して苦手なことを強制するあまり、彼らが持つ特性を潰したくはないと考えています」

浅野の入試広報部長・徳山直先生は心配していた子が中高生活の中でぐんぐんと成長していったという成功例を教えてくれました。

「たとえば、対人での緊張による疾患があり、返事をすることすら難しい子がいました。わたしたちは授業内にあまり多くの質問を投げかけないように注意を払うなどしていました。けれども、その彼は周囲の仲間と徐々に馴染んでいきました。仲間たちから部活動に誘われて、それに打ち込む中で、本当に学校生活を心から楽しめるようになったのです」

発達障害を持っているので入試に不利になるなんてこともないようです。

ただし、入試のときにカンニングと判断されてしまうようなふるまいは無視できないと某校の先生は話します。

また、少し残念な話も聞きました。

ある男子校の先生は溜息をつきます。

「本校は発達障害の子に対する腕利きのカウンセラーを何名も取り揃えていて、その指導には定評があります。しかし、教員の中からそれを外部に対して積極的に打ち出さないでほしいという声があがったのです。本校の手厚いケアを求めて発達障害の入学者が大挙するのを恐れているのでしょう」

さらに、ある女子校の先生は正直な思いを吐露しました。

「個別に指導員を付けるなどの対応は難しいです。また、ひと口に発達障害と言っても、その特性は千差万別なので、保護者と相談しながら、どういう対応がその子にとって良いのかを探りながらおこなっているというのが現状です。正直なことを言うと、発達障害の子は、公立のほうが恵まれた環境が与えられるのではないかと感じています」

学校によって発達障害の子に対するスタンスはずいぶん異なることが分かります。

ですから、受験を検討されている学校の説明会などで相談してみて、その学校の対応をあらかじめ探ってみることが大切でしょう。

SNS情報の鵜呑みに要注意

Q　コロナ禍になって各校が席数を減らしているからか、学校説明会や見学会に申し込もうと思っても即時に締め切られてしまい、なかなか生の情報が得られません。不安になって

SNSで情報を集めているのですが、これらの情報には信用が置けるのでしょうか？

A　中学受験に関心のある層が増加している一方、コロナ禍の影響で各私立中高一貫校は学校説明会の席数をしぼったり、ご家庭ごとの個別見学会を実施したりと工夫を凝らしています。しかしながら、そのようなスタイルに変化した結果、希望する学校説明会や見学会がすぐ満席に達してしまい、多数の受験生・受験生保護者が志望校の「生の姿」を感じられる機会を得られていないということがあります。

だからでしょう。近年はSNSなどで中学受験情報が頻繁に取り交わされるようになっています。

わたしはTwitter（@campus_yano）を利用していますが、中学受験生保護者たちのアカウントの多さにびっくりさせられています。わが子の受験年度を冠したアカウント名（たとえば、「犬猫大好きっ子2024」など）があふれていて、連日「同志」である中学受験生保護者たちや、「先輩」であるわが子の中学受験経験者の保護者たちとつながっているのです。

Twitterには音声ライブ機能「スペース」というのがあり、それを利用して夜な夜な中学受験について語り合うルームも開かれていて、人気のあるルームには数百人のリスナーが参加しています。

これまでさまざまな書籍やメディアの記事で中学受験のあれこれを発信しているわたしが物申すのもおかしいですが、中学受験の「情報過多」は保護者に安心感を与えるどころか、不安に陥らせてしまう危険性をはらんでいるのではないかと感じています。

考えてもみてください。話し手が「先輩」、つまり子どもの中学受験を経験した親であったとしても、「わが子」の経験という極めて限られた範囲でしか話ができません。そのアドバイスが普遍性を持つとは考えにくいのです。

また、これらのSNSに集う保護者をターゲットにするわたしの「同業者」も散見されます。保護者アカウントにご丁寧にアドバイスをしたり、スペース機能を活用して指導方法について語ったりしているようです。

これらの「プロ」の情報は果たして信頼に足るものなのでしょうか。わたしはかなり怪しいと睨んでいます。

たとえば、これらの「同業者」の中には、自分は匿名にもかかわらず、過去に在籍していた大手塾の名を冠しているアカウントが多く存在します。言い換えれば、その冠がなければ「箔《はく》」が付けられないのです。

辞めてしばらく経つのに、その「大手塾」の名を入れるくらい愛着があるのに、なぜいまはそこに在籍していないのでしょうか。もうお分かりでしょう。その塾に勤めたものの、まったく通用しなかった講師である可能性が高いのです。

あるいは、数冊の書籍を著したことを掲げて、自分の指導が良いものとSNS上で売り込んでいる講師などもいます。「書籍を刊行する講師」＝「すばらしい講師」という単純な図式を描くのは危険です。おカネさえ払えば本にしてくれる「自費出版」や「企画出版」を手掛ける出版社も数多くありますから、本を出すこと自体はそんなに難しくも、特別なことでもないのです。

これらの「同業者」たちはSNSで頻繁に見かけるものの、それ以外のメディアでその名を見かけることはありません。「自称・凄い講師」にすぎないのです。

そもそも、多くの人から求められているプロ講師であれば、安易に自身のメソッドなどを無料で配信することはないはずです。

個人ブログも同様です。

メディアの記事であれば編集者によるアドバイスがあったり、ファクトチェックがおこなわれたり、校閲が入ったりします。ですが、個人ブログは「主観を書き散らす」ことが可能です。あまり信用しないほうが良いでしょう。

わたしは、中学受験生保護者には中学受験をシンプルな図式で捉えてほしいと考えています。

「わが子が勉強する」→「入試を受ける」→「合否発表がおこなわれる」


中学受験とはとどのつまりこの三段階だけなのです。

保護者は膨大な中学受験情報の中から有用なもの以外はばっさり切り捨てて、わが子の中学受験を支えていきたいものです。

情報に惑わされてしまうと、保護者は不安に駆られる一方ですし、その不安は子に伝播するものです。

もう一度繰り返します。中学受験はシンプルに考えましょう。

無関心な父親にイライラ

Q　母親のわたしが中心になって子どもの中学受験のサポートをしていますが、父親があまりにも無関心で腹が立っています。この前も「中学受験にそんなに熱くならなくてもいいじゃないか。ダメでも公立中学校があるのだから」などと言い出す始末です。父親の意識を変えてもらうためにはどのような働きかけが必要ですか？　矢野先生にもお子さんがいらっしゃるようで、受験に協力的でしょうから奥様がうらやましいです。

A　一瞬、わたしの妻から寄せられたクレームではないかと縮み上がりました（笑）。「矢野先生にもお子さんがいらっしゃるようで、受験に協力的でしょうから奥様がうらやましいです」

こうおっしゃってくださるのは光栄ですが、残念ながらわたしはご主人と似たタイプの人間です。こういう仕事をしているので、わが子の勉強に関心がまったくないわけではありませんが、「興味のないフリ」をずっとしています（そのほうが親子ともども平穏な日々を送れそうです）。

ですから、わが子の勉強の手伝いなどほとんどしたことがありません。強いて挙げるなら、夏休みの自由研究で子の外出に付き添ったくらいです。

ご主人の態度に立腹される気持ちは分かるのですが、わたし自身がこのようなスタンスのため、ここからご主人の肩をほんの少しだけ持つことをお許しください。

どんなに働きかけても、叱っても、おだてても、お子さんの受験に対するご主人の無関心は変わらないでしょう。休日はゴロゴロと寝そべって動かないはずです。そういうものです。

ここはご主人の「改造計画」を断念して、「じゃ、あなたは一生懸命働いて、金銭面で受験を支えてやってくださいね」と割り切るしかありません。

わたしはそれで良いと考えています。

一般的に子どもたちの中学受験が順風満帆にいくことはほとんどありません。成績低迷で自暴自棄になり、塾をやめたくなるときもあるでしょう。志望校合格への光明がなかなか見出せず、焦りや不安から勉強する気力が削がれてしまうこともあるかもしれません。

多くの受験生はそのように「山あり谷あり」の道を辿りながら、入試本番へと向かっていきます。

スランプに陥った際に大切なことは、励ましのことばはもちろんのこと、お子さんに「逃げ場所」をちゃんと用意してやることです。

「たかが受験だろう？　別に命を取られるわけじゃないのだから」……そんなふうにお気楽な考えの人がそばにいるからこそ、子が不調から立ち直れるケースをたびたび目にしてきました。

だから、ご主人には受験を迎えるその日まで「お気楽さ」を貫いてもらったほうが良いのではないでしょうか。そのほうが、お子さんの受験にとって「吉」と出るのではないかと考えます。

ご質問の文面から察するに、お母様はお子さんの受験に対して「距離」が近いのでしょう。それはそれで構いません。

しかし、もしご主人がお母様と同じベクトルでお子さんの受験に関与していたらどうなるでしょうか？

わたしはお子さんが潰れてしまう危険性があると思うのです。

教育雑誌やテレビドラマの影響か、最近は父親がわが子の受験勉強に積極的に関与することが珍しくなくなりました。この場合、母親が「冷めた目」を持っているならば問題ないのですが、そうでないと受験をめぐり親子の軋轢《あつれき》が生じてしまう可能性が高くなるのです。繰り返しますが、お子さんに「逃げ場所」がなくなってしまうからです。

老婆心ながら、最近よく耳にする困った事態について言及したいと思います。

コロナ禍でリモートワークが多く見られるようになりました。それまで、会社へ出勤していた父親が自宅で仕事をするようになり、わが子の日々の様子を目にすることになります。そうなると、お子さんの受験にそれまで「無関心」だったはずの父親が、中学入試直前期に「そんなレベルの学校なら受けさせない！」とか「俺はこの学校がオススメだけどなあ」などと突然口をはさんできて、母子を困らせることがよくあるのです。そうならないように、現時点で無関心なのなら、むしろ「子の受験のことはわたしに全面的に任せてください」と事前にご主人に対して予防線を張っておくべきなのかもしれません。

「長距離通学」は問題ないか

Q　子どもが一番行きたい学校の通学時間が二時間かかることに悩んでいます。本人は「受かったらがんばって通う！」と張り切っているのですが。長距離通学についてどのようにお考えでしょうか？

A　これはなかなか難しい問題です。一年間で学校に通学するのが二五〇日としましょう（授業があるのは二〇〇日程度でしょうが、部活動や行事の準備などを考えるとこんなものでしょう）。一回の往復で四時間かかるので、一年間では一〇〇〇時間、中高六年間では家と学校の行き来に六〇〇〇時間も費やすことになるのです。

自宅の最寄り駅が始発駅なら電車の座席に座って読書でもして有意義な二時間が過ごせるかもしれません。でも、電車に乗った際に周囲の中高生をチェックしてみてください。読書する姿はあまり見かけず、スマホに没頭している姿ばかりが目につかないでしょうか。わが子が毎日往復四時間「スマホ漬け」になる可能性を考えるとぞっとしてしまいます。

また、学校から家までの距離があることは「非常事態」の際、大きなネックになります。たとえば、二〇一一年の東日本大震災の際には自宅に帰れず学校に宿泊したという私立中高生たちが大勢いました。その結果、翌年の入試（二〇一二年度）では「川向こうの学校」の受験を敬遠するご家庭が増えたのです。

首都直下型地震の危険性もますます高まっていますから、保護者はこの機会にさらに大きな天変地異を想定して学校を考えるのも大切です。家までのルートや学校の防災環境（備蓄の有無のチェックなど）を確認しておくべきでしょう。

たとえば、女子学院（東京都千代田区／女子校）は通学に九〇分以上かかってしまう受験生の出願ができません。同校のウェブサイトには次のような記載があります。

〈生徒の健康、学習への影響等を考慮し、自宅から最寄り駅までは、徒歩またはバスを利用し、特別料金を必要としない公共の交通機関を用いて90分以内で学校に来られるというのが受験資格です。自転車、自家用車を用いての90分ではありません。90分を超える方には、出願をご遠慮いただいております。〉

学校側がこのように長距離通学に難色を示すのは、しかるべき理由があるということでしょう。

さて、いままで親子で受験候補校となる学校には何校ほど足を運ばれましたか。ぜひ多くの学校にお子さんを連れていかれると良いでしょう。いま憧れている学校よりも近くに、もっと気に入る学校が見つかるかもしれません。

そして、いろいろなリスクを考えたうえで、あの手この手を尽くしたうえで、それでも二時間の通学時間を要する学校がお子さんにとって「かけがえのない学校である」という判断を下したのであれば、わたしからはそれ以上、何も言うことはありません（もちろんその学校が通学範囲の制限をしていないというのが条件です）。

「低偏差値校」に進学する意味

Q　わが子は小学校六年生ですが、秋の模擬試験で第一志望校の合格圏にはほど遠い結果でした。先日は塾の面談で定員割れすれすれの偏差値レベルのかなり低い学校をすすめられました。この時期に受験をやめさせるかどうか本気で悩み始めています……。子どもも落ち込んでいます。これから子どもの気持ちをどのように導けばよいでしょうか？

A　模試の結果から志望校の合格が厳しい状況なのですね。親子で落胆してしまうそのお気持ちはよく理解できます。

質問からは分かりませんが、志望校合格を目指してお子さんが中学受験勉強を始めたのは三年生からでしょうか？　あるいは、四年生からでしょうか？　いずれにせよ、塾に通い、長い時間をかけて受験勉強に打ち込んできたものと思われます。

だからこそ、この時期に受験を「ストップ」するのは「なし」です。

お子さんには行きたい学校があるのです。であれば、模擬試験で厳しい判定が出たとしても、第一志望校は必ず受験してほしいと思います。

そのうえで、「安全校」をしっかり確保してもらいたいと、わたしは考えます。

具体的には模擬試験の平均偏差値よりマイナス四以下のラインが「安全校」となる学校です。

いまからでも遅くはありません。そのような学校の資料を取り寄せたり、直接見学させてもらったりしましょう。いまは消極的な気持ちかもしれませんが、意外なところに「掘り出し物」があるかもしれません。

「そんなにレベルの低い学校には通わせたくない」

ひょっとするとそう思われるかもしれません。

ここであえて極端な例を挙げてみます。

たとえば、近年の中学入試は激戦が繰り広げられているものの、女子校を中心に「定員割れ」状態のところもいくつかあります。

「定員割れの学校に進学する意味があるのか？」と考える保護者も大勢いらっしゃるでしょう。でも、「入試レベル」以外の側面、たとえば、教育方針や校風、行事などに着目すると、わが子にとって「かけがえのない学校」になる可能性だってあるのです。

前著でも紹介しましたが、定員割れを引き起こしていたある私立女子中高一貫校の理事の方からこんな話を聞いたことがあります。

「小学校の卒業アルバムを見て、『あれ？　こんな子、同じクラスにいた？』などと言われる物静かで目立たない子がいるでしょう。わが校はそんな子ばかりが集まるのです」

その理事の方はこう続けました。

「だから、わが校では『いるかいないか分からなかった』そんな子たち一人ひとりに対して、中高六年間の中で一度はスポットライトを浴びる機会を作ることを心がけています」

「誰だって自分に注目してもらうのは嬉しい。そういう成功体験を味わわせてやりたいのです」

実際、この学校に通っている子の保護者から次のようなことばを頂戴したことがあります。

「まさかあんなに目立たなかった子が学園祭の舞台に立って笑顔を見せるなんて、以前はまったく想像できませんでした。あの学校に引き合わせてくださったことを本当に感謝しています」

偏差値はあくまでも一つの尺度に過ぎないのです。

ただし、「定員割れ」の度合いが酷く、一学年に数人しかいないような学校もわずかながら存在します（このタイプの学校は高校からの入学者を確保して持ちこたえているのです）。そうすると、部活動だって満足にできませんし、極めて限られた人間関係の中で過ごすことになってしまいます。こういう学校は避けるのが無難です。

お子さんは長い間、中学受験勉強を続けてきたはずです。たとえ一校でも合格切符を手にしてもらいたいとわたしは考えます。結果として、その学校に進まず、公立中学校に進学するのも一向に構いません。

でも、「公立中学校しか行くところがなかった」のと「公立中学校を選んだ」のとでは、お子さんの中学生活のスタートを切る際の気持ちがずいぶん違ってくるのではないでしょうか。

模擬試験結果に基づく選び方①

Q　わが子は小学校六年生です。これから毎月のように模擬試験を受験するのですが、試験に臨むうえでの留意点や、試験結果をもとに志望校を選定するときのポイントはどういうものがありますか？

A 「模擬試験」というと、各科目や四教科総合の偏差値、順位、志望校の合格判定ばかりが気になってしまうものです。しかし、それだけでは模擬試験を受ける意味が半減してしまいます。

全国から大勢の受験生を集める規模の大きな模擬試験の場合、科目ごとに複数人の作問者がいて、長い時間をかけて問題を作成します。つまり、模擬試験は「良問揃い」である場合が多いのです。

大半の模擬試験は受験当日に解答解説を配布するでしょう。それならば、その日のうちに「どこで間違えてしまったのか」「間違えたのはどんな過程を踏んでしまったからなのか」をお子さんにその都度、じっくり考えさせる習慣を付けたいものです。そういう地道な作業の積み重ねこそ、合格への「近道」になるのだと確信しています。

わが子の成績の浮沈に気が気でない保護者は、毎度の模擬試験の成績結果を見て、一喜一憂してしまいがちです。しかしながら、模擬試験結果を尺度に志望校を選定する際に保護者に求められるのは「冷静な視点」です。

たとえば、お子さんの模擬試験の四科偏差値が「九月・偏差値五六」→「一〇月・偏差値四八」→「一一月・偏差値六一」と推移しているとしましょう。

このデータを目にした保護者は、「九月から一〇月にかけて学力は落ちたが、一一月に一気に伸びた」という見方をするかもしれません。

ちょっと待ってください。そもそも「学力」はそんなに流動的な性質を持つものではありません。各月の成績結果はあくまでもそのときの「瞬間風速」としてとらえるべきです。

この例の場合、三ヵ月平均偏差値、つまり四科偏差値五五がわが子の受験パターンを構築するうえでの「基準値」になるのだと考えましょう。

第一章で申し上げましたが、昨今の首都圏中学入試で第一志望校に合格できるのは、男子「約四人に一人」、女子は「約三人に一人」とされています。しかし、保護者がわが子の「基準値」をもとに受験パターンを冷静に構築すれば、「全敗」することなど滅多にありません。

模擬試験の数値に基づいて志望校を選定する際、次の目安で「挑戦校」「実力相応校」「安全校」に分類してほしいと、わたしは説明しています（平均偏差値／合格率八〇％ラインの表を活用）。

挑戦校………平均偏差値プラス四以上

実力相応校…平均偏差値プラスマイナス三

安全校……平均偏差値マイナス四以下

たとえば、都内受験生の場合、二月一日午前入試もしくは二月二日午前入試どちらかに「安全校」を受験して、早期のうちに合格を確保しておくことが肝要です。午後入試や二月三日以降は定員の少ない、その年によって倍率変動の激しい入試になることが多いですし、合否を読むのが難しくなることがあるからです。そして何よりも、「合格切符」を最低一つ手にすることで、安心感と自信を胸に二月四日、五日まで続く中学入試本番を親子で闘い抜くことができるのではないでしょうか。

模擬試験を活用した受験校選定はお子さんの中学受験の成否に大きく関わるのです。

模擬試験結果に基づく選び方②

Q　模擬試験で志望校の合格可能性（たとえば、五〇％など）が出ますが、この確率はどの程度信頼できるのでしょうか？　また、わが子の受験パターンの構築にも悩んでいます。どういうことに気をつければ良いでしょうか？

A　今年二〇二二年度のデータはまだ公表されていませんので、昨年二〇二一年一〇月に森上教育研究所が発表したデータの話をします。このデータによれば、同年九月の四大模試（四谷大塚・日能研・SAPIX・首都圏模試）の受験者数は前年同月比約五・六％増、人数にして約二六〇〇人の増加となったとのことです。

「前年比で五％増ならば大勢に影響がないのではないか？」と安心される方もいるでしょう。

しかし、一九ページの図表をもう一度見てください。

すでに首都圏では受験者総数より募集定員総数のほうが少ないのです。つまり、「受験生が中学を選ぶ時代」から「中学が受験生を選ぶ時代」に変わっています。その状況を踏まえたうえで、先ほどの四大模試のデータで見えた受験生のさらなる増加を、二〇二二年度入試に適用してみましょう。

国私立中学校の募集定員総数は前年とさほど変わらないでしょう。しかし、二月一日午前中の受験者数が前年比で約二六〇〇名増えたとします。すると「国私立中学校への進学先を失う」、つまり定員オーバーの受験生は二〇二一年度の約八〇〇名から約三四〇〇名に急増することになります。

これを聞いて、ぞっとされた保護者が大勢いらっしゃるのではないでしょうか。

実際のところ、二〇二二年度の「二月一日の午前入試における受験者総数」は四万二三五七人で、先の予想ほどには大きな数値になりませんでした。それでも、前年比で一〇〇〇人以上も、定員オーバーの子どもたちが増加したのです。

とりわけ中堅校（たとえば、四谷大塚の合格率八〇%ラインで偏差値四五~五五に相当する学校）の受験者数の変動には注意したいものです。

受験者全体が増えるということは、平均値に近い偏差値五〇前後の層が膨らみ、そこで熾烈な争いが繰り広げられる可能性が高いからです。

二〇二一年度であれば「安全校」に分類できた学校に受験者が詰めかけた結果、思わぬ「難化」が見られる可能性もあるのです。

そして、その「難化」の予測を模擬試験の合否判定に反映できないこともあります。秋の模擬試験で設定されたある学校の「合格基準偏差値」が、入試実施後に公開される「結果偏差値」と大きく乖離《かいり》する事象がよく見られます。

繰り返しになりますが、わが子の中学入試の受験校を選定される際に、秋に受験する模擬試験の総合成績（四科偏差値）の平均値に基づいて「挑戦校」「実力相応校」「安全校」をバランスよく配置することが大切になります。しかし、「安全校」だと考えた学校の受験生が激増した結果、実は「安全校」ではなかった……というケースが出てきてもおかしくありません。

実際に、四大模試が秋に設定したその学校の「基準偏差値」が、わずか数ヵ月後の二月入試の結果とずれてしまい、当初予測した数値より高くなるケースが何校もあったのです。

わたしが提案したいのは石橋を叩いた受験校選定です。「この学校がダメだったらどうしよう」「あの学校もダメだったらどうしよう」と「臆病」になることこそが親に求められる心性だと考えます。

具体的に申し上げるならば、二月一日午前・午後、二月二日午前・午後の計四回受験する入試のうち、複数の「安全校」を組み込むことです。そして、二月二日に良い結果が得られれば翌日はA中学校を、そうでなければ翌日はB中学校を、といった「W出願」の事前想定もおこなったほうが良いでしょう。

進学先がなかなか確定しない中学受験生は、二月四日、五日……と入試が続くことになります。先ほど申し上げましたが、最後の最後まで元気いっぱいに闘い抜くためには、たとえ安全校であっても「合格」というお守りをしっかり確保できているかどうかが鍵を握ります。

強気の受験パターンや、甘く見積もった受験パターンを構築してしまうと、どこの合格切符も得ることができないまま終盤戦に突入することになりかねません。こうなると、わが子の心だけでなく、保護者の心も「ポキン」と折れてしまうことだってあるのです。

子どもたちは中学受験勉強に長い時間をかけて取り組んできました。また、保護者の方だって大変な思いをたくさんされてきたことでしょう。だからこそ、「合格」という結果をわが子が自ら獲得できるよう、保護者は万全を期してほしいと願っています。

「過去問」の取り組み①

Q　塾からの指示で六年生の九月から志望校の「過去問」に取り組み始めましたが、わが子のあまりにもひどい得点結果に呆然としています。入試まであと五ヵ月もないのに大丈夫なのでしょうか？　あと、「過去問」の内容はもう二度とその学校で出題されないと思うので、そのようなものに貴重な時間を割いて取り組む意味はあるのでしょうか？

A　入試まで残すところ五ヵ月弱。志望校の過去問に手をつけたものの、「合格者平均点」にはほど遠い状態……。そんなお子さんを見て心配になってしまう気持ちはよく理解できます。

しかし、小学六年生の夏から秋にかけての時期に過去問演習をおこなって、合格ラインに届く子などほとんどいないのです。

実際、わたしの塾では九月から、六年生の子どもたち一人ひとりに「過去問演習記録表」

や「過去問演習ノート」を提出してもらっていますが、過去問に取りかかった最初の頃は、合計得点が合格ラインに達する子などまずいません。結果として第一志望校に合格した子であっても、合格者平均点（あるいは、合格最低得点）に五〇点、なかには一〇〇点ほど足らない子が大勢いるほどです。

これは一体どういうことでしょうか。

まず、「合格に向けた総合的な力」が培われるのは、六年生の秋から冬にかけてであるということです。おそらくこの夏に膨大な時間をかけていままでの各科目の「復習」をおこなったことでしょう。しかしながら、それらの復習内容が頭の中でまだ整理されていない状態なのです。秋から始まる「総合的な範囲の問題」の演習（もちろん、ここには過去問の演習を含みます）を通じて、子どもたちは膨大な知識を徐々に消化していくのです。

次に、志望校の過去問にはそれぞれの学校の「クセ」があります。入試問題の構成や各問題に充てる時間配分などが分かっていないと、すぐに高得点をとるのは難しいと言えます。

第一志望校であれば、少なくとも六年分〜八年分の過去問を制限時間通りに演習し、時間をかけてミスした箇所の「直し」に取り組んでいく。その作業を幾度となく繰り返すことで、徐々にその学校の入試問題で得点するコツをつかんでいくのです。

また、「過去問の内容は二度とその学校で出題されないのではないか」というご指摘はおっしゃる通りです。

しかし、その学校への合格切符を手に入れたいのであれば、過去問への取り組みは不可欠です。

有名私立女子中高の国語科教諭に過去問を解くことの意義について質問をぶつけてみました。匿名を条件に回答してくれましたので、それを公開します。

矢野　新しく入試問題を作成する場合に、自校の過去問を見返すことがありますか？

教諭　もちろん見返しますね。昨年度までと比較して難易度にブレはないか、問題の体裁はちゃんと過去のものを踏襲しているかをチェックしています。

矢野　やはり貴校を受験するに当たって過去問にはしっかり取り組むべきですか。

教諭　取り組むべきでしょう。いま申し上げたように、過去問をベースにして、新しい入試問題を作成しています。また、学校説明会などでも『過去問をたくさん解いてください』とアドバイスしています。入試問題を作成する教員たちには、『わが校に入学したいと過去問にしっかり取り組んで準備をしてくれる受験生に良い点数を取ってほしい』という思いが根底にあるはずです。

矢野　過去問をしっかり解いて傾向を把握するのは大切ですか？

教諭　もちろん大切です。入試問題の作成には相当のこだわりを持っている教員が多いですからね。たとえば、国語でいうと特定の教員が好むテーマの題材もあります。これは設問でも同様です。

いかがでしょうか。過去問の重要性が伝わってくる話ですよね。

実際、特定の学校の過去問を何年分も研究していると、問題を作成する教員の「クセ」が浮かび上がってきます。

国語を例に挙げると、「物語文は複雑な人間関係を描いたものが毎年出題されているな」とか、「説明文では哲学的なテーマが多く出題されるな」とか、「選択肢では同じようなパターンで惑わそうとしているな」とか、さまざまなことが見えてきます。

もちろん、塾側はそのような「クセ」を子どもたちにしっかり伝えることを忘れてはいけませんが、子どもたちがその「クセ」を見抜き、それらを咀嚼《そしゃく》して得点力へと昇華させるためには、自らが過去問に挑んで実感するのがもっとも近道です。

「過去問」の取り組み②

Q　第一志望校とそれ以外の併願校の過去問は、何年分くらい解くべきでしょうか。また、効果的な過去問の取り組み方や、注意点などアドバイスはありますか？

A　第一志望校及び併願校は何年分解けば良いのか？　というご質問ですが、受験する学校によってその回答は異なります。受験するそれぞれの学校が「本当の進学候補か否か」「入試問題が独特か」「入試回数はどれくらいあるのか」……そういったさまざまなことを複合的に考える必要があるからです。

すべての学校の過去問を同じ回数ずつ解くのではなく、学校ごとにどのくらいの熱量を持って過去問に取り組めば良いかを決めなければいけません。入試本番までに残された時間は有限なのです。

それでは、どのように計画を立てて過去問に取り組むべきなのでしょうか。

わたしが経営するスタジオキャンパスでは、毎週土曜日の午後に六年生が教室に集まって、監督者のもとで過去問演習に取り組みます（各自が制限時間をタイマーなどで測りつつ）。

課されているのは一校一年分（四科）の演習です。そして、その日の夜と翌日の日曜日、「過去問ノート」に答案貼付・丸つけ・直しをおこない、月曜日の授業時に提出してもらいます。各科目担当者は添削作業にかかり、水曜日か金曜日に子どもたちに返却しています。

その添削を参照しながら再度、子どもたちはやり直しをおこないます。

以下にスタジオキャンパスに通うAさんを具体例として挙げて、実際の取り組みを紹介したいと思います。

スタジオキャンパスに通うAさんの模擬試験の平均偏差値は六〇です。

第一志望校はA中学校（偏差値六四が合格率八〇％ライン／以下同じ）。ここは二月一日・三日の二回、受験をするつもりです。

第二志望校は二月二日・四日に入試があるB中学校（偏差値五八）で、第三志望校は二月一日の午後に入試がおこなわれるC中学校（偏差値五四）です。三校とも進学候補として考えています。

また、一月には埼玉県のD中学校（偏差値五二）と千葉県のE中学校（偏差値四九）を受験しますが、あくまでも二月一日を見据えた実力試しの入試であり、距離的なことを考えても進学候補ではありません。

このAさんが受験する学校それぞれの入試問題の特徴は以下の通りです。

A中学校……国語・社会・理科は記述問題が多い。算数は途中式まで採点対象になる。
B中学校……どの科目も記号問題が多く、模擬試験のようなオーソドックスなもの。
C中学校……国語は毎年記述問題が出るが、それ以外の科目はオーソドックスなものが出題される。
D中学校・E中学校……基礎知識を丁寧に問う標準的な問題揃い。

過去問を解く計画を立てる場合、「時間的な制約」を無視してはいけません。わたしの塾では前述した通り、一週間に一校一年分（四科）の演習・丸付け・直しと、添削を受けての再度のやり直しを課しています。

九月〜一二月（冬期講習会直前）までで一六週間程度。換言すれば、過去問一六回分がこの期間内で取り組むことのできる限界量となります。この一六回分を志望順位や各校の入試問題のクセの強さを考慮しつつ、どう割り振っていくか決めていかねばなりません。

お笑い芸人さんのことばではありませんが、「クセがスゴい」入試問題には要注意です。

先のAさんは九月〜一二月の一六週間で取り組む過去問の配分をどうすればよいでしょうか。わたしなら、次のような配分を指示します。

A中学校……（一回目入試）四年分／（二回目入試）四年分
B中学校……（一回目入試）三年分／（二回目入試）三年分
C中学校……（午後入試）一年分／（国語のみ）四年分

A中学校の入試問題のクセが強く手こずるようであれば、思い切ってA中学校を各五年分、B中学校を各二年分取り組むよう調整しても良いかもしれません。

D・E中学校は進学候補の学校でなく、入試問題も基礎知識が問われる内容ですから、一月のD・E中学校の入試の間際に各一年分取り組めば十分です。

また、入試直前の一月はこのほかに、いままでの「過去問ノート」を見返して、自身の弱い部分をもう一度見つめなおすことが大切です。

最後に過去問に取り組むうえでの注意点を三点にまとめます。

1．制限時間内で解くこと

時間無制限でじっくり取り組む必要はありません。入試問題に取り組むスピードを最初から体感すべきと考えています。丸付け・見直しの際にじっくり反省すれば良いのです。

2. 得点に一喜一憂しないこと

入試本番で合格点を超えれば良いのです。過去問の得点が悪くても落ち込む必要はありませんし、そのまた逆も然り。しかも、配点や模範解答、部分点の与え方などを公開している学校は少数ですから、算出した得点は必ずしも正しいとは限りませんし。

3. 塾をぞんぶんに利用すること

たとえば、入試では記述問題や算数の立式など「△」（部分点がある）の対象となる問題が数多くあります。そんな問題の採点は塾の講師に依頼して、客観的に出来、不出来を判断してもらうことが必要です。

ちなみに、ネットで公開されていたり、個別の塾が発行したりしている「過去問の模範解答」には首を捻りたくなるような解答例が掲載されていることもあるので注意が必要です。また、志望校で好んで出題される問題の類題などを塾に依頼して用意してもらうのも効果的でしょう。

学校なんて一つの「器」に過ぎない、という見方があります。

また、その学校に入学したあと、わが子がどんなふうに過ごしていくのかは分からないので、どの学校を選んだとしてもそんなに変わらないのではないか、という見方もあります。

どちらも一面をうがった見方であると、わたしは思います。

その「器」の色合いはどんなものなのでしょうか、また、その「器」の形状はどうなっているのでしょうか。

それは学校ごとに違う、唯一無二の「器」なのです。

わが子がどんな「器」の中で中高六年間を過ごし、成長してほしいか。それをじっくりと考えることはとても重要だと考えます。

考えてもみてください。

お子さんがどの中高一貫校に入るかで、その後の人生は確実に変わるのです。

出会う先生、出会う友人……中高一貫校の中で培われた人間関係は「一生もの」の財産になるはずです。そして、その財産を手にしたお子さんは社会へと巣立っていくのです。

こんなふうに見ていくと、中学受験はお子さんの人生にとってとても大きな「岐路」になることが分かります。

中学受験をして良かった、とわが子が心から振り返ることができるのは、卒業後何年も経過して、母校への愛情が醸成されたときではないでしょうか。

お子さんはまだ小学生。中学受験勉強に励むのはもちろんお子さん本人ですが、志望校の魅力を客観的に見るのは難しいでしょう。とするならば、志望校選びはやはり保護者がイニシアチブを執る必要があるのです。

わたしはこの本をみなさんが「わが子が受験する学校を好きになってもらう」ために書きました。いろいろな学校の先生方に取材を重ねましたが、本書（コラムを除く）では在校生たちの声はあえて盛り込みませんでした。

在校生たちは自校のことを振り返るにはまだ早すぎるし、数人のコメントでその学校の特色を言い切るのは乱暴である。わたしはそのように考えました。

コロナ禍が国内で起こってからの三年間、子どもたちは大変窮屈な日々を過ごしています。そんな中、塾通いを続け、志望校を目指している子どもたちは、とても立派だとわたしは心から思っています。

わたしは今年一月末に朝日新聞ＥｄｕＡにて中学受験生に向けた「手紙」を配信しました。少し長くなりますが、一部を抜粋してここに掲載します。

中学受験生の皆さんへ

はじめまして。

中学受験塾で講師をしている矢野耕平といいます。

いよいよ二月一日がやってきます。

皆さんにとっては人生で初めて、自らの「進路」を決める機会になりますね。志望校の入試を前にいまどんな気持ちですか。

平気なふりをしているかもしれないけれど、「本番の試験でミスしてしまったらどうしよう」「自分よりデキる子ばかりが受験していたらどうしよう」——。そんなふうに実はドキドキしている人がいるかもしれませんね。

では、そのドキドキはどうして生まれたのでしょうか。自分が弱いからですか？　それは違いますよ。そんな思いになるくらい、志望校に向けて一生懸命に取り組んできたからです。

だから、ドキドキすることはみっともないことではありません。むしろ、そんなふうに緊張や不安を抱ける自分を誇りに思いましょう。

振り返れば、この二年間、皆さんは本当に大変な時を過ごしてきましたね。

二年前を思い出してください。四年生までは比較的ゆっくりと進めていた塾での勉強が、五年生になった途端、その量が一気に多くなるとともに、それらのレベルも格段に上がって驚きませんでしたか？　そして、そのペースにまだ慣れないうちにコロナ禍によって塾の対面授業がいきなり中止になり、動画配信やオンライン授業に切り替わって、戸惑った人も多かったのではないでしょうか。

塾だけではありません。小学校でも楽しい休み時間や給食の時間に、お友だちと気軽に話せなくなってしまいました。マスクを外して食事をとるときなんて、みんな同じ方向を見て黙って食べましたね。それから、待ちに待っていた宿泊行事や運動会などが次々と中止になったり縮小化されたりして、がっかりしたなんていう人も多いことでしょう。

いま挙げたのはあくまでも一例にすぎません。皆さんはこの二年間いろいろなことを我慢してきました。

先日、わたしは六年生の最後の授業をしながら、その表情を見て、夏の暑い時期に重い荷物を持って塾にやってきて、朝から晩までマスクを着用しながら勉強に励んでいた姿をふと思い出しました。そんなふうに窮屈な思いを抱えながら、皆さんは受験勉強にこれまで取り組んできました。そして、いよいよ皆さんの志望校の入試、晴れの舞台を迎えるわけです。

わたしはここまでたどり着いた皆さんのことを本当に立派だと思いますし、その小さな身体で、その小さな手でがんばってきた皆さんのことを心から尊敬しています。この点、皆さんは心から自信を持ってほしいと思います。

ここからはちょっとシビアな話をします。

首都圏の中学入試は年々受験者数が増え、第一志望校の合格切符を手にできる子は「三人に一人」とも「四人に一人」とも言われています。言い換えれば、残念な経験をしてしまう人のほうが圧倒的に多いのですね。

これから連日のように入試が続くことでしょう。

中にはなかなか合格をもらえずに、苦しい思いをする人たちだっていることでしょう。不合格を突き付けられて、全身から力が抜けてしまうような人もいるかもしれません。

いままでたくさんの我慢をしてきた皆さんですが、ここでは我慢しないでください。

泣いたっていいのです。叫んだっていいのです。思いの丈をお父さんやお母さん、あるいは普段教わっている塾の先生にぶつけましょう。自分の素直な感情を出し切ったあとは翌日の入試に向けてやれることをコツコツとやりましょう。大切なことはここで心を折っては決してならないということです。最後の最後まで闘志を持ち続ける人に合格の神様はほほえんでくれるのだとわたしは思っています。

残念ながら、コロナ禍は終息する気配すらありません。でも、たくさんの大人たちが明るい日常が取り戻せるようにいまも尽力しています。

だから、皆さんの中高生活はきっと楽しいことがたくさん待っているはずです。

そう信じて、そして、自分のこれまでの努力を信じて、元気よく試験会場に向かいましょう。あなたのことを周囲の人たちはあたたかく見守ってくれているはずです。

自らの手で笑顔の春をつかみとりましょう。

それでは、いってらっしゃい！

矢野耕平

（朝日新聞ＥｄｕＡ　二〇二二年一月二八日配信）

本書の刊行に際し、多くの方々からご協力を賜りました。

一緒に働いているスタジオキャンパス、国語専科博耕房のスタッフたち、今回取材に快く応じてくださった中高一貫校の先生方に深く感謝を申し上げます。また、記事の転載を快諾してくださった朝日新聞出版「ＡＥＲＡ　ｄｏｔ．」編集部、朝日新聞ＥｄｕＡ編集部の皆さまにも御礼を申し上げます。

最後に、前作『令和の中学受験　保護者のための参考書』同様、またしてもなかなか遅筆の筆者に励ましのことばとアドバイスをくださった講談社第一事業局次長兼企画部長の鈴木崇之氏に心より謝意を表します。

本書が受験生を持つ保護者の方々の志望校選定の材料になるとともに、お子さんにとってかけがえのない学び舎が見つかるきっかけになれば本当に嬉しく思います。

皆さんのお子さんが中学生活を満面の笑みで始められることを願っています。

二〇二二年九月二〇日

中学受験指導スタジオキャンパス代表／国語専科・博耕房代表　矢野耕平

男子　合格確率80%ライン偏差値一覧（12月、1月前半～2月1日）

偏差値	12月、1月前半（～1/19）	1月後半（1/20～）
66	1/15 灘（73）　12/18 海陽（特給・東京）（71）　1/7 西大和学園（東京）（67）　1/9 聖光学院（帰）	1/22 渋谷教育幕張（70）
65	12/11 ▼県立千葉　1/12 栄東（東大特待）	
64		1/20 市川　1/27 渋谷教育渋谷（帰）
63	12/11 ▼県立東葛飾	
62	1/7 海城（帰）　1/11 開智（先端特待）	1/20 ▼昭和秀英（午後特別）
61	1/8 水戸第一高附属	1/21 東邦大東邦（前）　1/22 ラ・サール
60	12/1 東邦大東邦（推薦）　1/8 土浦第一高附属　1/8 並木　1/15 さいたま市立浦和　1/18 ◎栄東（東大Ⅱ）	
59	12/11 千葉市立稲毛国際　1/17 江戸川取手（東大）　1/17 江戸川取手（医科）	1/20 市川（1月帰）　1/25 立教新座
58	1/9 愛光（首都圏）　1/10 栄東A（1/10）　1/10 早稲田佐賀（1月首都）　1/11 栄東A（1/11）　1/12 ■▼開智（算数特待）	1/22 昭和秀英　1/25 江戸川取手２（東大）　1/25 江戸川取手２（医科）
57	1/16 栄東B	1/23 芝浦工大柏（GS）　1/27 芝浦工大柏２（GS）
56	12/3 立教池袋（帰）　1/8 北嶺（東京）　1/8 函館ラ・サール（東京）　1/12 開智（先端A）	1/27 芝浦工大柏２
55	12/25 逗子開成（帰）　1/8 日立第一高附属　1/10 攻玉社（国際・国算）　1/12 大宮開成（特待）　1/16 さいたま市立大宮国際	
54	1/6 ●東京都市大付（帰Ⅱ類）　1/10 大宮開成　1/10 開智（先端1）　1/15 川口市立高附属	
53	12/25 海陽Ⅰ（東京）　1/14 大宮開成２　1/15 伊奈学園　1/17 江戸川取手（難関大）	1/21 麗澤（AE）　1/23 芝浦工大柏　1/25 麗澤２（AE）
52	1/10 青山浦和ルーテル　1/10 茨城大附　1/10 □▼城北埼玉（特待）　1/12 青山浦和ルーテル２　1/15 開智（先端２）	1/20 専修大松戸　1/21 千葉大附　1/26 専修大松戸２
51	12/4 学習院（帰）　1/6 ●東京都市大付（帰Ⅰ類）	

偏差値	2/1午前	2/1午後
66	開成(71) 麻布(68) 渋谷教育渋谷	
65	駒場東邦 武蔵	広尾学園(ＩＳＧ１)
64	海城 慶應普通部 早稲田 早稲田実業 早大学院	広尾学園２ ■巣鴨(算数)
63		
62		■鎌倉学園(算数)
61	サレジオ学院Ａ	■世田谷学園(算数理数)
60		開智日本橋(特待４科) ◇東京都市大付２(Ⅱ類) ■開智日本橋(特待算数)
59	芝 広尾学園 本郷	東京農大第一算国 ■世田谷学園(算数) □東京農大第一算理
58		神奈川大附 広尾小石川(ＩＳＧ２)
57	逗子開成 世田谷学園(理数) 中央大附属 中央大附属横浜	都市大等々力(Ｓ特選) 三田国際２(ＩＳ) 三田国際２(インター) 国学院久我山(ＳＴ) 山手学院(特待)
56	攻玉社 城北 桐朋 広尾小石川(ＩＳＧ１) 法政大学	広尾小石川２
55	巣鴨 世田谷学園	◇東京都市大付２(Ⅰ類)
54	青山学院横浜英和Ａ 鎌倉学園 広尾小石川 三田国際(ＩＳ) 三田国際(インター)	淑徳(東大) ●青稜１Ｂ
53	●開智日本橋 ●帝京大学 芝浦工大附	日本大学Ａ２(ＧＬ)
52	高輪Ａ 明大中野八王子Ａ１ 公文国際Ａ(国算)	安田学園(先進２) 桐蔭学園(午後) ドルトン東京(特待)
51	●山手学院Ａ 国学院久我山 成蹊 成城 成城学園 都市大等々力(特選)	かえつ有明(2/1特待) 日本大学Ａ２(ＡＦ)

※合不合格判定テストの合格可能性80％ラインを表したもので、**学校差を示すものではありません。**

□……**４教科(３教科)判定校**
(角丸枠)……**２教科(１教科)判定校**

※試験日は2023年の実施予定日(決定していない場合は2022年実施日)
◎……新設 ◇……教科数変更 ●……２・４(２・３)教科選択(２教科判定) □……算＋理受験校(算＋理判定) ■……１教科受験校 ▼……午後実施校

(四谷大塚資料より作成)

男子　合格確率80%ライン偏差値一覧(2月2日～2月4日以降)

偏差値	2/2午前	2/2午後
66	聖光学院(70) 渋谷教育幕張２(69) 栄光学園(67) 渋谷教育渋谷２(67)	
65	慶應湘南藤沢	□広尾学園(医進・S)
64		
63		
62	本郷２	
61	攻玉社２	
60	慶應湘南藤沢(帰) 桐朋２ 明大明治	■高輪(算数午後)
59	青山学院	東京農大第一２算国 広尾小石川(ＩＳＧ３) □東京農大第一２算理
58	巣鴨２	中央大附属横浜２
57	城北２ 昭和秀英２ 世田谷学園２(理数) 明大中野	都市大等々力２(Ｓ特選) 三田国際３(ＩＳ) 三田国際３(インター) 広尾小石川３
56	学習院 鎌倉学園２ 暁星 法政第二 立教池袋	青山学院横浜英和B ●青稜２Ｂ
55	世田谷学園２ 帝京大学２(特待・一般)	●開智日本橋２ 桐蔭学園２(特奨)
54	神奈川大附２ 芝浦工大附２	
53		
52	国学院久我山２ 高輪Ｂ	安田学園(先進４) 淑徳２(東大) 山手学院Ｂ ◎□ドルトン東京(理数特待)
51	●青稜２Ａ	かえつ有明(2/2特待) 日本大学Ｂ(ＧＬ) 日大豊山２

偏差値	2/3	2/4～
66	筑波大駒場(73) 小石川(一般)(68) 早稲田2(67) 海城2 筑波大附	聖光学院2(70) 2/5 渋谷教育渋谷3(67)
65	浅野	
64	慶應中等部 横浜市立ＹＳＦＨ附属	市川2 2/5 広尾学園(ＩＳＧ2)
63		芝2 ■2/5 攻玉社(特別) 2/5 本郷3
62	武蔵高附属 横浜市立南高附属	
61	相模原 桜修館 大泉高附属	サレジオ学院Ｂ 2/5 広尾学園3
60	学大世田谷 南多摩 両国高附属 東邦大東邦(後) 明大明治2 □▼三田国際(ＭＳＴ)	
59	☆東京都市大付3(Ⅱ類) 三鷹 ▼暁星2 ▼広尾小石川(ＩＳＧ4)	城北3 ▼2/4 広尾小石川(ＩＳＧ5) ☆2/5 東京都市大付4(Ⅱ類) 2/5 逗子開成3
58	逗子開成2 九段(Ｂ・都内) 学大竹早 白鷗高附属(一般)	巣鴨3 東京農大第一3 2/5 立教池袋2
57	平塚 立川国際(一般) 富士高附属 法政大学2 立教新座2 ▼国学院久我山(ＳＴ2) ▼広尾小石川4	世田谷学園3(理数) 中央大附属2 法政第二2 明大中野2 ▼2/4 三田国際4(ＩＳ) ▼2/4 広尾小石川5 2/5 江戸川取手3(東大) 2/5 江戸川取手3(医科) 2/5 法政大学3
56	学習院2 川崎市立川崎高附属 ▼青山学院横浜英和Ｃ	神奈川大附3
55	☆東京都市大付3(Ｉ類) ●▼開智日本橋3	鎌倉学園3 世田谷学園3 ☆2/5 東京都市大付4(Ｉ類) 2/5 国学院久我山(ＳＴ3)
54	成城2 明大中野八王子Ａ2 ▼都市大等々力2(特選)	芝浦工大附3 2/5 成城3 ▼2/5 明大中野八王子Ｂ
53	▼帝京大学3	●開智日本橋4 成蹊2 高輪Ｃ ●2/6 山手学院(後期)
52	公文国際Ｂ 成城学園2 専修大松戸3 安田学園(先進5)	青山浦和ルーテル3 ●2/5 桐蔭学園3 2/6 海陽Ⅲ(東京)
51	東京大附 横浜国大横浜 ▼かえつ有明(2/3特待)	2/5 日本大学Ｃ(ＧＬ)

※合不合格判定テストの合格可能性80％ラインを表したもので、**学校差を示すものではありません。**

□（四角枠）……**4教科（3教科）判定校**
（角丸枠）……**2教科（1教科）判定校**

※試験日は2023年の実施予定日（決定していない場合は2022年実施日）
◎……新設 ☆……試験日変更 ●……2・4（2・3）教科選択（2教科判定） □……算＋理受験校（算＋理判定） ■……1教科受験校 ▼……午後受施校
（四谷大塚資料より作成）

女子　合格確率80%ライン偏差値一覧（12月、1月前半～2月1日）

偏差値	12月、1月前半（～1/19）	1月後半（1/20～）
65	1/12 栄東（東大特待）(68) ▼12/11 県立千葉 1/14 浦和明の星女子	1/22 渋谷教育幕張(72) 1/20 市川(67) 1/27 渋谷教育渋谷（帰）(67) ▼1/20 昭和秀英（午後特別）
64	1/11 開智（先端特待）	1/21 東邦大東邦（前）
63	12/1 東邦大東邦（推薦） ▼12/11 県立東葛飾 1/8 水戸第一高附属 ◎1/18 栄東（東大Ⅱ）	
62	1/8 土浦第一高附属 1/8 並木 1/15 さいたま市立浦和	
61	■▼1/12 開智（算数特待） 1/17 江戸川取手（東大） 1/17 江戸川取手（医科）	1/20 市川（１月帰）
60	12/11 千葉市立稲毛国際 1/8 洗足学園（帰Ｂ） 1/10 栄東Ａ（1/10） 1/10 早稲田佐賀（１月首都） 1/11 栄東Ａ（1/11）	1/22 昭和秀英 1/25 江戸川取手２（東大） 1/25 江戸川取手２（医科）
59	1/9 愛光（首都圏） 1/13 淑徳与野 1/16 栄東Ｂ	1/23 芝浦工大柏（ＧＳ） 1/27 芝浦工大柏２（ＧＳ）
58	1/12 開智（先端Ａ）	1/27 芝浦工大柏２
57	12/22 立教女学院（帰） 1/8 日立第一高附属 1/12 大宮開成（特待） 1/16 さいたま市立大宮国際	
56	1/10 大宮開成 1/10 開智（先端１） 1/15 川口市立高附属	
55	1/14 大宮開成２ 1/15 伊奈学園 1/17 江戸川取手（難関大）	1/23 芝浦工大柏
54	1/10 青山浦和ルーテル 1/10 茨城大附 1/12 青山浦和ルーテル２ 1/15 開智（先端２）	1/20 専修大松戸 1/21 千葉大附 1/21 麗澤（AE） 1/25 麗澤２（AE） 1/26 専修大松戸２
53		1/22 学習院女子（帰）
52	1/9 茗溪学園	1/21 国府台女子学院 1/25 江戸川取手２（難関大）
51	12/12 大妻（帰）	

偏差値	2/1午前	2/1午後
65	桜蔭(71) 女子学院(70) 渋谷教育渋谷(69) 早稲田実業(69) 雙葉(67) ●洗足学園 フェリス女学院	広尾学園(ＩＳＧ１)(68) 広尾学園２(67)
64		
63	吉祥女子 広尾学園	
62	鷗友学園女子 頌栄女子学院	開智日本橋(特待４科) 東京農大第一算国 ■開智日本橋(特待算数) □東京農大第一算理
61		
60	立教女学院	神奈川大附 広尾小石川(ＩＳＧ２)
59	学習院女子Ａ 中央大附属 中央大附属横浜	都市大等々力(Ｓ特選) 三田国際２(ＩＳ) 三田国際２(インター) 山手学院(特待) ■田園調布学園(午後)
58	●香蘭女学校 東洋英和女学院Ａ 広尾小石川(ＩＳＧ１) 法政大学	広尾小石川２
57		国学院久我山(ＳＴ) ■品川女子学院(算数) ■湘南白百合(算数) ■普連土学園(算数)
56	青山学院横浜英和Ａ 成蹊 広尾小石川 三田国際(ＩＳ) 三田国際(インター)	晃華学園２ 淑徳(東大) ●青稜１Ｂ 山脇学園午後(算・国)
55	●開智日本橋 ●帝京大学 日本女子大附 横浜共立学園Ａ 芝浦工大附	日本大学Ａ２(ＧＬ)
54	大妻 成城学園 明大中野八王子Ａ１ 公文国際Ａ(国算)	安田学園(先進２) 恵泉女学園 桐蔭学園(午後) 東京女学館２ ドルトン東京(特待)
53	●山手学院Ａ 都市大等々力(特選) 横浜雙葉	日本大学Ａ２(ＡＦ)
52	●青稜１Ａ 共立女子(2/1) 安田学園(先進)	かえつ有明(2/1特待) 清泉女学院２
51	●森村学園 品川女子学院 田園調布学園 山脇学園Ａ	関東学院１Ｂ 東洋大学京北２

□(四角枠)……4教科(3教科)判定校
(角丸枠)……2教科(1教科)判定校

※試験日は2023年の実施予定日(決定していない場合は2022年実施日)
◎……新設 ●……2・4(2・3)教科選択(2教科判定) □……算＋理受験校(算＋理判定) ■……1教科受験校 ▼……午後実施校

(四谷大塚資料より作成)

※合不合格判定テストの合格可能性80％ラインを表したもので、**学校差を示すものではありません。**

女子 合格確率80％ライン偏差値一覧（2月2日～2月4日以降）

偏差値	2/2午前	2/2午後
65	渋谷教育幕張２（71）渋谷教育渋谷２（70）豊島岡女子学園（70）慶應湘南藤沢（68）●洗足学園２ 青山学院	□広尾学園（医進・Ｓ）（68）
64	吉祥女子２ 白百合学園 明大明治	
63	慶應湘南藤沢（帰）	
62		香蘭女学校２ 東京農大第一２算国 □東京農大第一２算理
61		広尾小石川（ＩＳＧ３）
60		中央大附属横浜２
59	昭和秀英２	都市大等々力２（Ｓ特選）三田国際３（ＩＳ）三田国際３（インター）広尾小石川３
58	法政第二	青山学院横浜英和B ●青稜２Ｂ
57	帝京大学２（特待・一般）	●開智日本橋２ 桐蔭学園２（特奨）
56	神奈川大附２ 芝浦工大附２	■富士見（算数）
55	大妻２	
54		安田学園（先進４）淑徳２（東大）普連土学園（２日午後）山手学院Ｂ ◎□ドルトン東京（理数特待）
53	●青稜２Ａ 共立女子（2/2）	山脇学園Ｂ
52	田園調布学園２ 富士見２ 安田学園（先進３）	かえつ有明（2/2特待）東京女学館３ 日本大学Ｂ（ＧＬ）
51	●東洋大学京北３ ●森村学園２ 品川女子学院２	

偏差値	2/3	2/4～
65	慶應中等部(70) 筑波大附(70) 豊島岡女子学園2(70) 小石川(一般)(69) 横浜市立YSFH附属(66) 鷗友学園女子2 武蔵高附属	豊島岡女子学園3(70) 2/5 渋谷教育渋谷3(70) 市川2(67) 2/5 広尾学園(ISG2)(67) 2/5 洗足学園3
64	明大明治2	2/5 広尾学園3
63	お茶の水女子大附 桜修館 両国高附属 横浜市立南高附属	浦和明の星女子2
62	相模原 学大世田谷 東邦大東邦(後) □▼三田国際(MST)	2/5 頌栄女子学院2
61	学習院女子B 大泉高附属 東洋英和女学院B 横浜共立学園B ▼広尾小石川(ISG4)	東京農大第一3 ▼2/4 広尾小石川(ISG5)
60	九段(B・都内) 白鷗高附属(一般) 南多摩	
59	平塚 立川国際(一般) 富士高附属 三鷹 ▼広尾小石川4	成蹊2 中央大附属2 法政第二2 ▼2/4 三田国際4(IS) ▼2/4 広尾小石川5 2/5 江戸川取手3(東大) 2/5 江戸川取手3(医科) 2/5 法政大学3
58	川崎市立川崎高附属 学大竹早 法政大学2 ▼青山学院横浜英和C	神奈川大附3
57	●▼開智日本橋3 ▼国学院久我山(ST2)	2/5 大妻4
56	大妻3 明大中野八王子A2 ▼都市大等々力2(特選)	淑徳与野2 芝浦工大附3 ▼2/5 明大中野八王子B
55	成城学園2 日本女子大附2 ▼帝京大学3	●開智日本橋4 ●2/6 山手学院(後期)
54	公文国際B 専修大松戸3 安田学園(先進5) ▼共立女子(2/3合科型)	青山浦和ルーテル3 ●2/5 桐蔭学園3
53	東京大附 横浜国大横浜 ▼恵泉女学園3	
52	学大小金井 東京女学館4 富士見3 ▼かえつ有明(2/3特待)	田園調布学園3 山脇学園C 2/5 江戸川取手3(難関大) 2/5 国学院久我山(ST3) 2/5 日本大学C(GL)
51	晃華学園3 ▼淑徳2S特	●東洋大学京北4 ●森村学園3 鎌倉女学院2 品川女子学院3 普連土学園(4日午前)

※合不合格判定テストの合格可能性80%ラインを表したもので、**学校差を示すものではありません。**

□……**4教科(3教科)判定校**
◯……**2教科(1教科)判定校**

※試験日は2023年の実施予定日(決定していない場合は2022年実施日)
◎……新設 ●……2・4(2・3)教科選択(2教科判定) □……算+理受験校(算+理判定) ■……1教科受験校 ▼……午後実施校

(四谷大塚資料より作成)

矢野耕平

1973年、東京生まれ。中学受験指導スタジオキャンパス代表、国語専科・博耕房代表取締役。大手進学塾で13年間勤務の後、2007年にスタジオキャンパスを設立し、代表に。自らも塾講師として、これまで28年にわたり中学受験指導を行っている。

主な著書に『男子御三家　麻布・開成・武蔵の真実』『女子御三家　桜蔭・女子学院・雙葉の秘密』（ともに文春新書）、『旧名門校VS.新名門校』（SB新書）、『LINEで子どもがバカになる「日本語」大崩壊』『令和の中学受験　保護者のための参考書』（ともに講談社+α新書）などがある。

講談社+α新書　726-3 C

令《れい》和《わ》の中学《ちゅうがく》受《じゅ》験《けん》2　志《し》望《ぼう》校《こう》選《えら》びの参《さん》考《こう》書《しょ》

矢《や》野《の》耕《こう》平《へい》

2022年11月16日第1刷発行

発行者——— **鈴木章一**

発行所——— **株式会社 講談社**
東京都文京区音羽2-12-21 〒112-8001
電話 編集(03)5395-3522
販売(03)5395-4415
業務(03)5395-3615

デザイン——— **鈴木成一デザイン室**

カバーイラスト—— **金田サト**

カバー・帯写真—— **岡田康且**

カバー印刷——— **共同印刷株式会社**

印刷——— **株式会社新藤慶昌堂**

製本——— **牧製本印刷株式会社**

KODANSHA

定価はカバーに表示してあります。

落丁本・乱丁本は購入書店名を明記のうえ、小社業務あてにお送りください。

送料は小社負担にてお取り替えします。

なお、この本の内容についてのお問い合わせは第一事業局企画部「+α新書」あてにお願いいたします。


ISBN978-4-06-530269-9

講談社＋α新書

絶対悲観主義 楠木建
巻に溢れる、成功の呪縛から自由になる。フツーの人のための、厳しいようで緩い仕事の哲学
990円 854-1 C

人間ってなんだ 鴻上尚史
「人とつきあうのが仕事」の演出家が、現場で格闘しながらずっと考えてきた「人間」のあれこれ
968円 855-1 C

人生ってなんだ 鴻上尚史
たくさんの人生を見て、修羅場を知る演出家が考えた。人生は、割り切れないからおもしろい
968円 855-2 C

世間ってなんだ 鴻上尚史
中途半端に壊れ続ける世間の中で、私たちはどう生きるのか？ ヒントが見つかる39の物語
990円 855-3 C

奇跡の小売り王国「北海道企業」はなぜ強いのか 浜中淳
ニトリ、ツルハ、DCMホーマックなど、北海道企業が各業界のトップに躍進した理由を明かす
1320円 856-1 C

その働き方、あと何年できますか？ 木暮太一
ゴールを失った時代に、お金、スキル、自己実現を手にするための働き方の新ルールを提案
968円 857-1 C

脂肪を落としたければ、食べる時間を変えなさい 柴田重信
肥満もメタボも寄せつけない！ 時間栄養学が教える3つの実践法が健康も生き方も変える
968円 858-1 B

2002年、「奇跡の名車」フェアレディZはこうして復活した 湯川伸次郎
かつて日産の「V字回復」を牽引した男がフェアレディZの劇的な復活劇をはじめて語る！
990円 859-1 C

世界で最初に飢えるのは日本 食の安全保障をどう守るか 鈴木宣弘
人口の六割が餓死し、三食イモの時代が迫る。農政、生産者、消費者それぞれにできること
990円 860-1 C

表示価格はすべて税込価格（税10％）です。価格は変更することがあります